Gedichte für Hitler

Volker Koop

GEDICHTE
FÜR HITLER

Zeugnisse von Wahn
und Verblendung
im »Dritten Reich«

be.bra verlag

 Mehr Informationen im Internet

Bibliografische Information der Deutschen Nationalbibliothek
Die Deutsche Nationalbibliothek verzeichnet diese Publikation
in der Deutschen Nationalbibliografie; detaillierte bibliografische
Daten sind im Internet über http://dnb.d-nb.de abrufbar.

© be.bra verlag GmbH
Berlin-Brandenburg, 2013
KulturBrauerei Haus 2
Schönhauser Allee 37, 10435 Berlin
post@bebraverlag.de
Lektorat: Robert Zagolla, Berlin
Umschlaggestaltung: hawemannundmosch, Berlin
(Fotos: © ullstein bild/mauritius images)
Satz: typegerecht, Berlin
Schrift: Dante 11/15 pt
Druck und Bindung: GGP Media GmbH, Pößneck
ISBN 978-3-89809-104-6

www.bebraverlag.de

Inhalt

Einleitung

Kaum jemand verstand es derart perfekt, Emotionen zu wecken wie Adolf Hitler – in seinen Inszenierungen wirksam unterstützt von Joseph Goebbels, dem Minister für Propaganda und Volksaufklärung. Natürlich nahmen viele Deutsche an den Aufmärschen und Paraden zu Ehren des »Führers« teil, weil sie es mussten. Aber: eine noch größere Zahl jubelte ihm aus innerer Überzeugung zu, zumindest in den ersten Jahren seiner Diktatur. Auch wenn sie es nach der katastrophalen Niederlage Deutschlands im Zweiten Weltkrieg nicht mehr wahrhaben wollten: Millionen Menschen waren der dämonischen Ausstrahlungskraft dieses Mannes bis zur Selbstaufgabe erlegen. Das unterscheidet Hitler im Übrigen wesentlich von dem anderen Diktator dieser Zeit, dem sowjetischen Staats- und Parteiführer Josef W. Stalin. Herrschaftsinstrument beider war der Terror gegenüber der eigenen Bevölkerung, war die Verbreitung von Angst und Schrecken. Doch Hitler wurde zudem lange Zeit von einer irrationalen, wirren Bewunderung und Liebe großer Teile des Volkes getragen.[1]

Ausdruck dieser abstrusen Verehrung – und mehr noch: Verklärung – sind Tausende von Hymnen, Oden, Sonetten und Balladen über die Person Hitlers, die nicht erst während der Zeit der nationalsozialistischen Herrschaft entstanden, sondern auch schon in den 1920er-Jahren, als Hitler und seine NSDAP mehr und mehr an Bekanntheit und Popularität gewannen. Die Autoren der Gedichte waren einfache Leute ebenso wie vermeintliche Intellektuelle, Junge und Alte, Frauen und Männer. Sie sandten ihre meist mehr schlecht als recht gereimten poetischen Erzeugnisse an Hitler selbst, an seine Privatkanzlei, die Reichskanzlei oder auch an das Propagandaministerium, wo sie zusammen mit den unzähligen persönlichen Briefen, Glückwunschschreiben und Bittgesuchen, die den »Führer« seit 1933 zehntausendfach erreichten, zur Kenntnis genommen, teilweise beantwortet und dann abgeheftet wurden.[2] Hitler dürfte die wenigsten der ihm gewidmeten Gedichte selbst gelesen haben, sie flossen wohl allenfalls in die Stimmungsberichte ein, die seine Sekretäre regelmäßig aus der Bevölkerungspost herausdestillierten. Dass es manchem Absender gar nicht allein darum ging, Hitler eine persönliche Freude zu machen, belegen zahlreiche Begleitbriefe – nicht selten maßen die »Dichter« ihrem eigenen Machwerk einen propagandistischen Wert für die Sache des Nationalsozialismus bei und baten um die Genehmigung zu einer Veröffentlichung, berichteten davon, dass sie einen Druck auf eigene Kosten in Auftrag gegeben hatten – oder erhofften gar die Vermittlung eines Abdruckhonorars.

Wenn auch die literarische Qualität der Gedichte eine Verwendung zu Propagandazwecken meist ausschloss, inhaltlich gaben sie in dieser Hinsicht einiges her: Die Verfasser priesen Hitler – um nur einige Begriffe zu nennen – als »Retter« und »Befreier«, als »Friedenskanzler« und »Friedensbringer«, als »Deutschlands größten Sohn und Helden«, als »Mann von Stahl und Eisen«, als »unseren Meister« und »Beschützer der Heimat«. In den Augen seiner dichtenden Anhänger war Hitler unter anderem »Glaube, Hoffen, Lieben«, das »Feld, auf dem wir stehen«, ein »Kleinod«, der »große Gärtner« und schließlich »den Deutschen von Gott gesandt«. Die Schreiberinnen und Schreiber wollten ihrem »Führer« die Treue halten bis in den Tod; sie ahnten nicht, wie bald und in welch dramatischer Weise sich ihr Schwur erfüllen sollte. Sicherlich waren viele der Gedichte auch von verbohrten und unverbesserlichen NS-Parteigängern geschrieben, aber sie spiegelten doch – zumindest über lange Zeit – die Empfindungen eines Großteils der Bevölkerung wieder.

Der Ausgang des Ersten Weltkriegs und in seiner Folge der Vertrag von Versailles, Hyperinflation, die hohe Arbeitslosigkeit – all dies hatte zweifellos bei vielen Deutschen zu einer psychischen Ausnahmesituation geführt. Von der verlorenen Ehre, von Schmach und Schande, von der Sehnsucht nach alter Größe ist deshalb in den frühen Gedichten für Hitler, die zum Teil schon in den zwanziger Jahren formuliert wurden, häufig die Rede. War es anfangs Hoffnung, die aus den Gedichten sprach, wandelte sich diese später in Dankbarkeit und Hochachtung: für die Schaffung von Arbeitsplätzen, für den Aufbau der Wehrmacht, für die »Wiedervereinigung« Österreichs mit dem Deutschen Reich, für die »Befreiung« des Saarlands und des Rheinlands, für die Besetzung der Tschechoslowakei – kurzum: für die »Wiederherstellung der deutschen Ehre«. Die politischen Folgen wurden dabei völlig außer acht gelassen. Umso erschreckender ist, in welcher Weise die Deutschen Hitler überhöhten und sich gleichzeitig in unglaublicher Weise geradezu lustvoll erniedrigten. Für viele war Hitler ein »Messias«, ein »Heilsbringer«. Bewusst übersehen wurde der Terror, der sich schon unmittelbar nach der Machtübernahme 1933 ankündigte bzw. in den Straßenschlachten der SA bereits zuvor gezeigt hatte. Ignoriert wurden die Abschaffung aller individuellen Freiheiten, die brutale Ausschaltung jeglicher Opposition, die Verhaftungen und der Bau von immer mehr Konzentrationslagern. Die beginnende Judenverfolgung wurde entweder nicht zur Kenntnis genommen oder von großen Teilen der Bevölkerung sogar begrüßt – schließlich war der Antisemitismus zu dieser Zeit in allen sozialen Schichten, nicht nur in Deutschland, stark verbreitet und galt als »salonfähig«. Der Nationalsozialismus war für die Schreiber der in diesem Buch abgedruckten Gedichte nicht nur eine Ersatzreligion, sondern die allein gültige und endgültige Weltanschauung. Hitler war für viele von ihnen der Religionsstifter, dem sie mit den Gedichten huldigten – somit war für diesen Personenkreis jedes Gedicht zugleich ein Gebet.

Es ist aus heutiger Sicht nicht mehr nachvollziehbar, dass Hitler die Massen derart begeistern, blenden und für sich einnehmen konnte. Häufig ist in diesem Zusammenhang von seiner charismatischen Erscheinung die Rede. Ausstrahlungskraft besaß er sicherlich. Doch wichtiger war die Inszenierung des »Führers«. Bewusst wurden Elemente eines frühen Herrscher-Priester-Kults übernommen. Trommeln, eine »Blutfahne« mit magischen Kräften, dazu Massenaufmärsche, bei denen das Volk seinem Herrscher huldigte. Selbst Hitlers Rundfunk-Stimme wurden Zauberkräfte beigemessen. Der Sozialwissenschaftler Stephan Marks kommt zu dem Ergebnis, dass der Nationalsozialismus nicht darauf zielte, die Menschen intellektuell zu überzeugen, sondern sie emotional einzubinden: »Er lebte von der narzistischen Bedürftigkeit und Abhängigkeit seiner Anhänger, von ihren Schamgefühlen, Kriegstraumata und frühkindlichen Erlösungsphantasien.«[3]

Die wirklichkeitsfremde und heroisierende Hymnen-Flut hielt bis zum Ausbruch des Zweiten Weltkriegs an, der den Fluss der unsäglichen Ergebenheitsadressen allmählich zum Versiegen brachte. Am Ende waren es nur noch professionelle NS-Dichter und -Lakaien, die das Loblied auf Hitler sangen, die Millionen von Opfern rechtfertigten und nach neuen verlangten. Die »Gedichte für Hitler« sind Ausdruck eines Wahns, der nahezu ein gesamtes Volk befallen hatte. Mit ihnen hatte sich Deutschland für lange Zeit als Land der Dichter und Denker verabschiedet.

Wer diese Machwerke heute lesen will, der wird vor allem an zwei Orten fündig: Zum einen in den umfangreichen Beständen des Bundesarchivs in Berlin, zum anderen in Moskau, wohin die »Trophäen-Kommissionen« der sowjetischen Roten Armee nach dem Einmarsch in Deutschland Tausende von Dokumenten aus den Schaltzentralen von Staat und Partei mitgenommen hatten. Aus der Flut der Hitler-Poeme, die sich in den Akten der Reichskanzlei und des Reichspropagandaministeriums erhalten haben, wurden für dieses Buch einige Dutzend exemplarisch ausgewählt. Sie werden in ihren geschichtlichen Zusammenhang gestellt, um den Hintergrund verstehen zu können, auf dem sie entstanden.

Es fällt schwer, diese Gedichte überhaupt zu lesen. Aber sie sind Ausdruck des keineswegs gesunden »Volksempfindens« in Deutschlands dunkelsten Jahren. Die Augen vor ihnen zu schließen macht sie nicht ungeschrieben.

Volker Koop

Gedichte aus den 1920er-Jahren

Sehnsucht nach Frieden, Arbeit und Brot

Gedichte waren noch zu Beginn des 20. Jahrhunderts ein durchaus übliches Mittel, um politische Ansichten zu formulieren, Kritik an bestehenden Zuständen zu äußern, Forderungen zu erheben, die Herrschenden zu loben oder zu verspotten und Sehnsüchten Ausdruck zu verleihen. So verwundert es nicht, dass auch die politischen und sozialen Umwälzungen nach dem Ende des Ersten Weltkriegs ihren Niederschlag in der Poesie fanden: Der verlorene Krieg, die Abdankung des Kaisers, die als demütigend empfundenen Bestimmungen des Versailler Vertrages, die Hyperinflation und die chaotischen Verhältnisse der ersten deutschen Demokratie, der »Weimarer Republik«, hinterließen im Seelenleben der Deutschen tiefe und lang anhaltende Spuren.

Zu Beginn der 1920er-Jahre erwarteten die meisten Deutschen allerdings noch nicht die Ankunft eines neuen Messias, als der Adolf Hitler ein Jahrzehnt später vielen gelten sollte, sondern ihr Sehnen ging zunächst dahin, nach den Entbehrungen der Nachkriegszeit endlich wieder ein ganz »normales« Leben führen zu können. Loblieder und Hymnen auf den »Führer« entstanden daher in dieser frühen Zeit der nationalsozialistischen »Bewegung« noch nicht.

Nach seinem Putschversuch vom 9. November 1923 und seiner kurzzeitigen Inhaftierung in der Festung Landsberg war Hitlers Bekanntheitsgrad deutschlandweit zwar stark gestiegen; im Jahr 1925 waren es aber dennoch erst ungefähr 300 Briefe, die sein damaliger Privatsekretär Rudolf Heß zu lesen und zu beantworten hatte – darunter keine Gedichte oder andere Formen von »Fanpost«, wie sie später in viel größeren Dimensionen typisch wurde.[1] Wenn im Umfeld der Nationalsozialisten Gedichte entstanden, dann beschäftigten diese sich bis Mitte der 1920er-Jahre stärker mit politischen Konzepten als mit der Person Hitlers.

Als Beispiel mag hier das im Winter 1923/24 geschriebene Poem »Der Dienstherr der Arbeit und der Aufbau« dienen.[2] Die Verfasserin, Mathilde Ade aus Dachau bei München, greift in ihrem gereimten Wiederaufbaukonzept das Bibelwort »Schwerter zu Pflugscharen« auf – das 60 Jahre später unter ganz anderen Vorzeichen als Forderung der Friedensbewegung populär wurde. »Willen, Tat und Ekstase« des deutschen Volkes verwirklichten sich zunächst jedoch auf keineswegs friedfertige Weise.

O deutsches Volk, besiegt, geknechtet,
beraubt, verleumdet und geächtet,
wach hurtig auf – der Tag bricht an,
wo Deine Kraft sich zeigen kann –
wo über der Verzweiflung Nacht
Du jubelnd rufst: Nun ist' vollbracht!
Nicht zur Vernichtung will ich mahnen –
Der Arbeit dienen Deine Fahnen!

Nur Hammer, Säge, Beil allein
Soll Deine stolze Waffe sein!
Ruft auf zum Dienst fürs Vaterland
Die Mannen wie vorm Weltenbrand!
Wer arbeitsfähig ist, der weihe

Ein Jahr, ein halbes oder zweie
Wie ehedem dem Exerzieren
So heut dem Wohnungs-Not–Kurieren!

Auch Boden-Meliorationen,
die würden sich ganz sicher lohnen.
Man lege trocken Moor und Sümpfe –
Man rode Flechten, Unkraut, Stümpfe,
man baue Dämme, Deiche, Wälle,
Zeigt flutbedroht sich eine Stelle –
Dann kann der Bauer ruhig säen,
kann Früchte ernten, Garben mähen!
Wenn ihr ihm helft Gefahren wehren,
bewirkt ihr auch Ertrag vermehren.
Viel reicher wird an Korn und Wein
Der deutschen Erde Segen sein!

Der Staat hat Wälder, Gründe, Schachten
Kann Ödland pflügen, roden, pachten,
kann Eisen fördern, Bäume schlagen
und Ziegel brennen, Steine tragen,
leiht ihm die Jungmannschaft im Land
zu diesem Werk die kräftige Hand!

Sieht sich ein Heer nicht lustig an,
das bauen, statt Häuser vernichten kann?
Kein Todespfeil wird euch umschwirren,
müsst auch nicht Arm und Bein verlieren!
Singt lustige Lieder im Akkord,
dann fließt die Arbeit munter fort.
Hat einer überflüssige Gründe,

dann meld er dies dem Staat geschwinde,
noch eh' es zur Enteignung geht,
weil einer hier für alle steht
und alle wiederum für einen,
gilt es ein Volk zur Tat vereinen.

Lasst Straßen ziehn, Kanäle bauen,
Plantagen wässern, Steine hauen.
Wenn Material und Fleiß sich binden,
wird Glück auch und Erfolg sich finden.
Erobert Neuland mit dem Spaten,
statt mit Gewehr und Kanonaden.
Füllt die Kasernen, greift zum Haken,
holt aus dem Schrein feldgraue Jacken –
sie passen gut zum Arbeitsheer,
zum Freiheits-Maurer-Legionär.
Zum Helfer auch in schweren Tagen,
wenn's gilt, die Bürde mitzutragen,
die hart und schwer den Landmann drückt,
sei's dass er ackert, erntet, pflügt.
(…)
Baut Siedlerhäuschen und Mietskasernen
Baracken, Schulen, Gehöfte, Tavernen
Für Sonderzweck und auch Menage[3] kommunal,
für Leute, denen Alleinsein zur Qual.
Baut Ledigenheime – ich find es sehr niedlich,
wenn ›Brüder und Schwestern‹ dort hausen recht friedlich.
Baut, Kirchen, Geschäfte, Fabriken und Essen –
Auch Tempel der Musen sollt ihr nicht vergessen.
Baut Flugzeughallen und Brücken, die tragen,
Elektrische Werke und Wasseranlagen!

Während viele Deutsche noch vom friedlichen Wiederaufbau träumten, griff die NSDAP bereits zu den Waffen: Hitlers Privatarmee im November 1923.

Legt Wege an, die Eure Bauten verbinden,
Gebiete erschließen, Naturreize künden,
Auch Bahnen, die schwebend die Gipfel erklimmen
Und schaffend ins Mark unserer Erde dringen.
Der Wiederaufbau, er sei keine Phrase!
Er werde zum Willen, zur Tat, zur Ekstase!
Nur dann wird erlösend aus Deutschlands Trümmern,
das Morgenrot goldener Freiheit schimmern.

In ähnlicher Weise liest sich ein »erster gereimter Entwurf zum Gedanken der Arbeitsdienstpflicht, verfasst im Winter 1923/24«, den dieselbe Verfasserin als »Rezept zum Wiederaufbau Deutschlands« empfahl:[4]

Hört Ihr die Glocken vom Weltgericht?
Sankt Michael, der Schutzpatron Deutschlands spricht:

»Ihr Leute seid alle mit Blindheit geschlagen!
Statt Steine und Balken zu ordnen und tragen,
zu tilgen den großen Zusammenbruch,
stattdessen hört man nur Schimpf und Fluch!
Ihr spaltet Euch gleich in hundert Parteien,
die alle nicht wissen, wo aus und ein.
Der Krieg, den Ihr habt vorher draußen geführt,
der Hetzteufel jetzt im eignen Land schürt!
Vergesst nicht, dass Fried Eure Wohlfahrt vermehrt
Und Unfried das Mark euch im Knochen verzehrt.
Kein Vorteil erwächst euch aus solchen Getriebe,
denn Hiebe erzeugen doch wieder nur Hiebe.
Statt edleres Streben mit Ketten zu binden,
mit Streiks oder Unruh den Brotherrn zu künden,
hab ich ein Rezept nun mit frommen Bedacht,
für Euere Leiden zurechtgemacht,
das statt des fruchtlosen Wortgefechts
euch führt den Weg der Vernunft und des Rechts.
Sollt Wasser in kein Danaerfass tragen,
und [mit] Nieten Euch nicht Eure Köpfe zerschlagen!
Fort mit dem Parteienstreit! Ich geb Euch den Rat,
Versucht Euer Glück nun mit einender Tat!
Nicht Schwarz, oder Weiß, oder Rot ganz speziell,
ich mir als politische Leibfarb erwähl.
Drum will es mir auch am klugsten erscheinen,
sie friedlich zur reichsdeutschen Flagge zu einen.
Denn wie auch unser Bekenntnis sei,
eins wollen wir alle, dass Deutschland frei!
Ist nicht der Mensch ein armer Wicht,
dem's an dem eigenen Heim gebricht´
so wie der Vogel ohne Nest –

ihm fehlt vom Leben grad das best.
Kann weder brüten mehr noch singen,
hängt einsam freudlos seine Schwingen –
die Ehe würde ganz steril –
das wär' wohl unser Feinde Ziel!
Man blickt voll Neid, wenn unentwegt
Ein Schneck am Weg sein Häuschen trägt.
Arm ist auch, wer ein Heim besitzt,
das wie ein enger Stiefel sitzt,
der vorn und hinten nimmer langt,
dass ihm vor Kinderzuwachs bangt,
weil bei der Enge in den Zimmern
sein Glück muss dustern und verkümmern,
indem man sich bei jedem Schritt
auf wunde Hühneraugen tritt.
Der Krieg im Hause tut auch wehe –
alle Reibung stört das Glück der Ehe,
Ja, unhygienisch, dumpf, hässlich
Ist dieser Zustand, eng und grässlich.
Auch jener ist nicht zu beneiden,
dem man zur Mehrung seiner Leiden
statt einem netten, lieben Engel
zwangseinquartiert 'nen losen Bengel.
Und wenn mit boshaft, frechen Tücken
sich täglich Haus- und Mietsherr zwicken.
Kurzum – unzählig sind die Qualen,
die bei der Baunot, der fatalen
Mit Wohnungskriegen und Gesetzen
Uns allerorts in Schreck versetzen.
O Gott, auch ich sprech aus Erfahrung –
das Thema gäb 'nem Bandwurm Nahrung.

Drum will ich weiter davon schweigen
Und nur den Weg zur Rettung zeigen.
Denn wisset, dass erst Heim und Herd
Die Heimat uns macht liebenswert.
Das eigne Nest ist erst das Band,
das knüpft die Lieb zum Vaterland.
Erst bau ich meine eigne Scholle,
dann kriegt der Händler Flachs und Wolle
und das Produkt vom engern Land
wird's dann zum Weltmarkt ausgesandt.
So dien ich mit der Heimat Segen
Der größeren Menschheit allerwegen.
Doch gönn ein Vaterland ich andern,
das mir nur lässt den Stab zum Wandern.
Es schwillt im Kämpfer, höhrer Mut
Verteidigt er auch eigen Gut!
Drum wollt den Heimatsinn ihr nähren
Müsst ihr die Häuserzahl vermehren!

Diese Zeilen – so einfältig sie auch formuliert waren – spiegeln das Elend einer Zeit wieder, die nur von einem kleinen Teil der Bevölkerung als die viel gerühmten »Goldenen Zwanziger« erlebt wurde. Die heute kaum mehr vorstellbaren Zustände in den Mietskasernen kamen zur Sprache, genauso wie die Wohnungsnot, in der sich mancher glücklich schätzen konnte, wenn er überhaupt einen Schlafplatz ergatterte, den er sich dann mit anderen teilen musste – von einem eigenen Bett oder gar Zimmer ganz zu schweigen.

Das Gedicht liest sich auch als Appell, die Zwietracht im eigenen Land zu beenden und die wirtschaftlichen und sozialen Folgen des Weltkrieges gemeinsam zu überwinden. Es war ein Hilferuf über das – gerade von den Nationalsozialisten so vehement kritisierte – »Parteiengezänk« der Weimarer Republik hinweg. Auch wenn die Verfasserin sich mit ihren gereimten Vorschlägen an die NSDAP gewandt hatte, mit der sie offensichtlich sympathisierte, wird doch deutlich, dass ihr das Gemeinwohl wichtiger war als das der Partei und ihres Führers. Die Geschichte hat allerdings gezeigt, dass solche Appelle ungehört blieben. Die Not der Menschen machten sich Radikale unterschiedlicher Couleur zunutze; Gewalt und Hass prägten zunehmend die politische »Kultur«. Angehörige des von der KPD geführten paramilitärischen »Rotfrontkämpferbundes« und die Schlägertruppen der Nationalsozialisten lieferten sich heftige Straßenschlachten, bis schließlich Hitler an die Macht kam. Sieger gab es am Ende keine – nur Verlierer. Das von Mathilde Ade so innig ersehnte »Morgenrot goldener Freiheit« sollte erst sehr viel später am Horizont erscheinen.

»Deutschland, Dein Deutschland steht hinter Dir!«

Gedichte im Schatten des NS-Terrors

Kaum an die Macht gelangt, veränderten die Nationalsozialisten das Land in einer radikalen Weise, wie sie kaum vorstellbar war. In kürzester Zeit verwirklichten sie ihre Vorstellung von einem »neuen Deutschland«, das nichts anderes war als eine lupenreine Diktatur, in der die Menschenrechte mit Füßen getreten wurden. Die Mehrzahl der Deutschen wurde in diesem Stadium allerdings von den vermeintlichen Erfolgen der neuen Regierung geblendet, was sich in den zum Teil hymnischen Lobgesängen auf Adolf Hitler widerspiegelte: Du »hast Deutschland wieder die Ehre gegeben / Hast unser Volk wieder einig gemacht«, heißt es in einem Gedicht, in einem anderen: »Du gabst den Hungernden Arbeit und Brot, (…) / Banntest in Deutschland die bitterste Not! / Du strecktest die Hände weit aus, weit aus, / holst nun uns den Frieden der Welt ins Haus!« Hitler und seine Gefolgsleute verstanden es, den Deutschen das zurückzugeben, was sie fälschlicherweise unter »Ehre« und »Stolz« verstanden. Dazu kam die psychologische Wirkung sinkender Arbeitslosenzahlen, wobei es den meisten völlig gleich war, dass Hitler nicht einen einzigen wirklich produktiven Arbeitsplatz schuf: Nachdem es 1933 noch knapp 4,1 Millionen Arbeitslose gegeben hatte, wurde zunächst der »Freiwillige Arbeitsdienst« mit 250 000 Menschen gebildet, ab 1935 durchliefen mehrere Hunderttausend Frauen und Männer den nunmehr verpflichtenden Reichsarbeitsdienst. 300 000 Arbeitslose schickte Hitler als »Landhelfer« in ländliche Gebiete, etwas mehr als 100 000 Arbeiter wurden beim Bau von

Autobahnen eingesetzt, dazu wurde die Wehrmacht aufgebaut und immer mehr Personen mussten die Arbeits- und Konzentrationslager bewachen und versorgen. Hitler gab also tatsächlich vielen Menschen Brot – aber um welchen Preis?

Auch die brutale Unterdrückung Andersdenkender empfanden zahlreiche Reimeschmiede durchaus als positiv, wurde doch die Gewalt aus dem öffentlichen Raum hinter Mauern und Stacheldraht verdrängt: »*Denn diese Gefahren sind doch heute alle vorbei / Man kann gehen auf der Straße, es ist einerlei / Ob man geht bei Tage oder sogar bei der Nacht*«, heißt es in einem weiter unten in Gänze zitierten Gedicht. Zugleich verstärkten die Nationalsozialisten ihre antisemitischen Hasstiraden, in denen sie die Juden für alles Elend verantwortlich machten, das den Deutschen widerfahren war. Während Gewalt und Verfolgung intensiviert wurden, schrieben zahllose Gedichte, Hymnen und Oden Hitler ein »reines Herz« zu und priesen seine Liebe und Treue zu Deutschland. Die Verklärung nahm geradezu pathologische Züge an. Umso wichtiger ist es zu Beginn dieses Kapitels, das vor allem Verse aus den Jahren 1936 und 1937 wiedergibt, daran zu erinnern, wie sehr die Nationalsozialisten bis dahin bereits die Diktatur durchgesetzt und Terror verbreitet hatten.

Unmittelbar nach der Machtübernahme vom 30. Januar 1933 begann die Verfolgung von Juden, Kommunisten und anderen Oppositionellen, legitimiert und gesteigert durch die nach dem Reichstagsbrand vom 28. Februar desselben Jahres erlassene »Verordnung zum Schutz von Volk und Staat«, die grundlegende Menschen- und Freiheitsrechte außer Kraft setzte. Noch im März kam es zur Einrichtung des ersten Konzentrationslagers in Dachau als »Muster-KZ« und zur Bildung von Sondergerichten, im April erfolgte ein erster Aufruf zum Boykott

Antisemitismus war der Nährboden, auf dem der Nationalsozialismus gedieh. Seinen Ausdruck fand er unter anderem in den Boykottmaßnahmen gegen jüdische Geschäfte im April 1933.

jüdischer Geschäfte, im Mai wurden die freien Gewerkschaften zerschlagen und die Bücher unliebsamer Autoren öffentlich verbrannt. Im Juni 1933 folgte das Verbot der SPD, im Juli und Dezember ergingen die Gesetze »zur Verhütung erbkranken Nachwuchses«, »gegen die Neubildung von Parteien« und »zur Sicherung der Einheit von Partei und Staat«.

Im April 1934 wurde der »Volksgerichtshof« zur Aburteilung von Hoch- und Landesverrat gegen den NS-Staat eingerichtet, im Juni wurden nach dem »Röhm-Putsch« etwa 200 innerparteiliche Gegner Hitlers ermordet, im Dezember erging das Gesetz »gegen heimtückische Angriffe auf Staat und Partei und zum Schutz der Parteiuniform«, das jede Handlung mit Gefängnis oder der Todesstrafe bedrohte, die das »Ansehen der Reichsregierung oder das der Nationalsozialistischen Deutschen Arbeiterpartei oder ihrer Gliederungen« schädigen konnte. Im Mai

1935 begann die Umsetzung der Nürnberger Rassegesetze: Das Gesetz »zum Schutze des deutschen Blutes und der deutschen Ehre« verbot die Eheschließung sowie den außerehelichen Geschlechtsverkehr zwischen Juden und Nichtjuden. Es sollte der sogenannten »Reinhaltung des deutschen Blutes« dienen, einem zentralen Bestandteil der nationalsozialistischen Rassenideologie. Verstöße gegen das Gesetz wurden als »Rassenschande« bezeichnet und mit Gefängnis und Zuchthaus bedroht.

Im gleichzeitig erlassenen Reichsbürgergesetz wurde festgelegt, dass nur »Staatsangehörige deutschen oder artverwandten Blutes« Reichsbürger sein konnten. Das »Gesetz zum Schutz der Erbgesundheit des deutschen Volkes« verbot unterdessen die Eheschließung, wenn »einer der Verlobten an einer mit Ansteckungsgefahr verbundenen Krankheit leidet, die eine erhebliche Schädigung der Gesundheit des anderen Teiles oder der Nachkommen befürchten lässt« oder wenn »einer der Verlobten entmündigt ist oder unter vorläufiger Vormundschaft steht« oder »an einer geistigen Störung leidet, die die Ehe für die Volksgemeinschaft unerwünscht erscheinen lässt« bzw. »an einer Erbkrankheit im Sinne des Gesetzes zur Verhütung erbkranken Nachwuchses leidet«.

»Wie lieb ist unser Führer«

Die Deutschen wollten in ihrer Mehrzahl diese Entwicklung jedoch nicht wahrnehmen. Zu gern ließen sie sich von der Propagandaflut betäuben, mit der die Nationalsozialisten, geführt vom zuständigen Minister Joseph Goebbels, das Land überzogen hatten. Mit Aufmärschen, Hakenkreuzfahnen, Plakaten und Berichten in den staatlich gelenkten Medien wollte man die Begeisterung für die Partei und ihren »Führer« immer weiter steigern. Dass der nationalsozialistische Führerkult, mit dem

Hitler zum Retter und Heilsbringer stilisiert wurde, auf fruchtbaren Boden fiel, belegen auch die Briefe und Gedichte an ihn, die inzwischen zu Zehntausenden in seiner Privatkanzlei, der Reichskanzlei oder im Propagandaministerium eingingen.[1] Die Hitler-Verehrer verstiegen sich dabei zu Pamphleten wie dem folgenden, das Alfred Grawiter aus dem damals preußischen Zeitz am 20. April 1936 »dem Führer und Reichskanzler des Deutschen Reiches in Treue und Liebe als bescheidenste Geburtstagsgabe in Ehrerbietung zugedacht« hatte. Darin entdeckte er an ihm Charakterzüge und Eigenschaften, die ihm heute niemand mehr zuschreiben würde – weil es sie ganz einfach nicht gab:[2]

Wie lieb ist unser Führer und doch wie ernst sein Blick!
Sein Schaffen und sein Mühen gilt uns und unserem Glück!
Wenn wir im Schlafe ruhen, Der Führer für uns wacht,
Die Arbeit findet tätig den Führer oft zur Nacht!
Schaut unserer Kinder Augen, wie klarer Sonnenschein,
Die Liebe sich widerspiegelt, die Jugend, sie ist sein!
Man braucht nicht lang zu fragen, das reine Kinderherz,
Für ihn die Herzen schlagen in Liebe allerwärts.

Wie stolz ist unser Führer, wenn's deutscher Ehre gilt!
Als erster Waffenträger, er trägt der Ehre Schild!
Sein Stolz ist unsere Ehre! Die duldet niemals Fron!
Die Treue ist ihm die Wehre, die Liebe ist ihm Lohn!
Das Hakenkreuz das Zeichen, das die Standarten ziert,
Es gibt kein Weichen, Wanken, weil uns der Führer führt!

Ein Volk! Ein Reich! Ein Führer! O heilig' deutsches Land!
Beschirmt und treu behütet, durch deines Führers Hand!

Das Volk aus Schmach zu retten, der Führer alles wagt!
Es fielen unsere Ketten, der Freiheit Morgen tagt!
Wir Adolf Hitler schwören: »Sei noch so groß die Not,
wir alle ihm gehören, getreu bis in den Tod!«

Die Wortwahl verrät deutlich, dass Grawiter sich beim Dichten von der offiziellen nationalsozialistischen Propaganda hatte anstecken lassen. Der Wahlspruch »Ein Volk, ein Reich, ein Führer« gehörte seit 1933 zum festen Bestandteil des Nazi-Vokabulars.

Das Motto »getreu bis in den Tod« war dagegen der biblischen Offenbarung des Johannes entlehnt; für Millionen Menschen sollte es bald bittere Wahrheit werden – in den Konzentrationslagern ebenso wie auf den Schlachtfeldern des Zweiten Weltkriegs.

Weil die Deutschen vor dieser Entwicklung jedoch zumeist die Augen verschlossen, finden sich in den überlieferten Gedichten für Hitler immer wieder Bezeichnungen wie »Völkerfreund« oder »Friedenskanzler« – so zum Beispiel in dem Gedicht »Führer und Volk«, das Herr oder Frau Elsberger aus »Berlebek/Detmold« im Oktober 1936 verfasst hatte:[3]

Der große Völkerfreund soll leben,
ihn der Europas Zukunft hellt
bewundert die erstaunte Welt.
Sein heldenmütiges Bestreben.

Dem Friedenskanzler treu ergeben,
der deutschen Aufbau kundig führt!
Mit Weisheit und Vernunft regiert
er alles, was ihm untergeben.

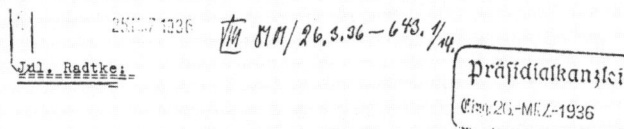

Präsidialkanzlei
Eing. 26.-MRZ-1936

Wir stehen wo der Führer steht!
=================================

Wir stehen wo der Führer steht,
Wir sind ihm eng verschworen,
Voran das Freiheitsbanner weht,
Das er uns auserkoren.

Wir stehen wo der Führer steht
Und schwören ihm auf's neue
In Not und Tod, zu jeder Zeit
Die Niebelungentreue.

Wir stehen wo der Führer steht
Im Hoffen und im Glauben
Und niemand kann auf dieser Welt
Die Zuversicht uns rauben.

Wir stehen wo der Führer steht,
Er wird uns sicher führen
Es geht den Weg durch Nacht zum Licht
Ruf, Führer, wir marschieren.

Wir stehen wo der Führer steht
Ihm weih'n wir Herz und Hand
Und helfen, dass es aufwärts geht
Im deutschen Vaterland.

*Meinem Führer
gewidmet!*

*Jul. Radtke
Königsberg Pr.
Kreisamt für Volkswohlfahrt*

»Meinem Führer gewidmet« war dieses Gedicht von »Jul. Radtke« aus Königsberg, das am 26. März 1936 in der Präsidialkanzlei einging. Hitler übte als Reichskanzler seit dem Tod Hindenburgs im Jahr 1934 zugleich die Funktion des Reichspräsidenten aus.

Von hohem Sinn ist sein Bestreben,
nach Pflicht und Recht uns zu erneu'n
sein Wille kann uns Bürge sein,
dass Recht und Pflicht in Deutschland leben.

In Eintracht allem Volk verbunden
droht vergebens uns Gefahr;
was noch bisher bedrohlich war;
durch Einvernehmen ist geschwunden.

Die Ketten, so Tyrannen schmieden,
erträgt die Menschheit länger nicht;
das Schicksal wendet und verspricht
den Völkern all' verjüngten Frieden.

Zeigt, dass wir wollen würdig werden,
an Mut und Tugend noch und rein
auch unsern Zukunftsglauben weih'n
dem deutschen Friedensvolk auf Erden!

Fritz Stodollik aus dem ostpreußischen Königsberg schrieb am 29. März 1936, dem Tag der Reichstagswahl und der Volksabstimmung über die deutsche Besetzung des Rheinlands, ein Gedicht, in dem er Hitler bescheinigte, dieser habe getan, was sonst keiner könne.

Seinen »Dank an den Führer« kleidete der Königsberger in die folgenden Worte:[4]

Adolf Hitler, Du deutscher Mann
Du hast getan was keiner kann
Hast Freude bereitet uns'rem Leben

Hast Deutschland wieder die Ehre gegeben
Hast unser Volk wieder einig gemacht
Das hat noch keiner vor Dir vollbracht.

Adolf Hitler, Du deutscher Mann
Du hast getan was keiner kann.
Mit ganzer Seele hast du gerungen
Du hast den Drachen der Zwietracht bezwungen
Den Arbeiter seinem Volk zugeführt
Dafür der heißeste Dank Dir gebührt.

Adolf Hitler, Du deutscher Mann
Du hast getan was keiner kann.
Adolf Hitler kannst ruhig sein
Deutschland lässt Dich nie mehr allein
Mit Dir für Freiheit, Ehre und Recht
Deutschland will Herr sein, nicht wieder Knecht.

Adolf Hitler, Du deutscher Mann
Du hast getan was keiner kann
Nun lass sie kommen, die Diplomaten
Nun lass sie Symbole und Gesten beraten
Wir kümmern uns keinen Deut mehr dafür
Deutschland, Dein Deutschland steht hinter Dir!

Honorar fürs Winterhilfswerk

Es waren in der Mehrzahl die sogenannten »einfachen Leute«, die ihre Verehrung für Hitler in Form von Gedichten zum Ausdruck brachten. Sie wandten sich oft an Propagandaminister Goebbels, traten allerdings nicht immer derart selbstbewusst auf wie August Tischler aus Wattenscheid, der in seinem Begleitschreiben vom 14. Februar 1937 selbst die Auszahlung eines Abdruckhonorars für seine Verse nicht für ausgeschlossen hielt:[5]

Sehr geehrter Herr Minister!
Als werktätiger Arbeiter (ich bin als Dreher in der Geschossfabrik
des Bochumer Vereins beschäftigt) nutze ich meine Freistunden
mit dem Abfassen von Gedichten und Erzählungen aus. Auf An-
raten meiner berufl. Kameraden, die meine Arbeiten aus der Hüt-
tenzeitung des Bochumer Vereins kennen, erlaube ich mir, Ihnen,
geehrter Herr Minister, einige meiner Gedichte zu übersenden,
mit der höflichen Bitte, prüfen zu wollen, ob meine Arbeiten für
würdig befunden werden, der Öffentlichkeit bekannt zu geben.
Falls Sie die Veröffentlichung der eingesandten Gedichte befehlen,
den Wunsch auszusprechen, dass ein etwaiges Honorar hierfür
dem Winterhilfswerk bzw. der Volksfürsorge überwiesen wird.
Über die eingesandten Gedichte wollen Sie bitte nach Ihrem
Ermessen verfügen.
Heil Hitler

An den »P[artei]g[enossen] Dr. Josef Goebbels« wandte sich am 15. Oktober 1937 auch Unterwachtmeister Friedrich Riesenbeck aus Frankfurt am Main:[6]

Dieses ist das erste Gedicht in meinem Leben
Ich bitte den Herrn Minister ein Urteil darüber zu geben
Wenn ich öfters war für mich so ganz allein
Da habe ich es verfasst in Vers und Reim.

Ich habe so oft über vergangene Zeiten nachgedacht
Drum habe ich dieses alles in ein Gedicht gebracht

VIII $\mathcal{101}$ 25.2. 37-611⅕

Karl Nahrgang
Frankfurt a.M.   den 25.Februar 1937.
Rhönstrasse 89

Herrn
Reichsminister für Volksaufklärung   1 Anl.
und Propaganda Dr.Josef G o b b e l s,
B e r l i n .

Sehr geehrter Herr Minister!

Der Unterzeichnete erlaubt sich hiermit, Ihnen sehr geehrter
Herr Minister, beifolgendes Gedicht: "An Dich", zur freundlichen
Verwendung anzubieten.

Mit Schreiben vom 23.Januar 1937 der Deutschen Arbeitsfront
erhielt ich die Mitteilung, dass dasselbe in der nächsten Zeit
in dem Mitteilungsblatt "Korrespondent" veröffentlicht wird.
Diese für mich freudige Nachricht erkühnt mich zu dem Entschluss,
Ihnen, sehr geehrter Herr Minister, dieses jüngste Erzeugnis
meines Steckenpferdes einmal anzubieten.

Ich erlaube mir noch zu bemerken, dass ich Gefolgschaftsmitglied
der Frankfurter Grossdruckerei SCHIRMER & MAHLAU bin.

                        Heil Hitler!

                  Karl Nahrgang

Anlage.

Einige Gedichteschreiber hofften, dass ihr »Werk« auch veröffentlicht werden würde.
Nicht alle hatten so viel Glück wie Karl Nahrgang aus Frankfurt am Main, dessen
Gedicht in einem Mitteilungsblatt der Deutschen Arbeitsfront erschien.

Dr. Graf von Schwerin.   Hannover, den 25. März 1938.
                                          Matthiasstraße 6.

An den Reichsminister

für Volksaufklärung und Propaganda

Herrn Dr. Goebbels

B e r l i n .

Sehr verehrter Herr Reichsminister!

In dem Wunsche, als Deutscher und als Parteigenosse auch
meine Kräfte einzusetzen im Wahlkampf um das geschichtlich
größte Treuebekenntnis des deutschen Volkes für seinen Führer,
habe ich versucht, die Gefühle, die alle deutschen Herzen in
dieser einzigartigen Glanzzeit deutscher Geschichte erfüllen,
in einigen Strophen zu "verdichten". Ich erlaube mir, Ihnen,
sehr verehrter Herr Reichsminister, dieses Gedicht in der
Anlage zu unterbreiten, da es mir nicht ausgeschlossen erscheint, daß Sie es in irgendeiner Weise propagandistisch
verwerten könnten. Mir selber ist dies nicht möglich, abgesehen davon, daß man als Dichter über den Wert seiner Dichtung kaum ein objektives Urteil haben kann. Ich bin mir natürlich bewußt, daß es unmöglich ist, die ganze Größe der Persönlichkeit unseres Führers und die Bedeutung seines Werkes
in ein paar kurzen Versen zusammenzufassen; dennoch hoffe ich,
das Wesentlichste für die im deutschen Volke herrschende und
nach Möglichkeit noch zu steigernde Stimmung herausgegriffen
und in eine einfache und doch eindrucksvolle Form gebracht zu
haben. Jedenfalls würde es mir zur ganz besonderen Freude und
Ehre gereichen, wenn ich durch eine Verwertung dieses Gedichtes zu der umfassenden und gewaltigen Arbeit der Vorbereitung,
Klärung und Festigung der Volksmeinung und Volksstimmung einen
ganz bescheidenen Bruchteil beitragen könnte.

Heil Hitler !

P.G. Dr. Graf von Schwerin.

Bogislav Graf von Schwerin, ein NSDAP-Mitglied aus Hannover, versuchte mit seinem
1938 eingesandten Gedicht, »die Gefühle, die alle deutschen Herzen in dieser
einzigartigen Glanzzeit deutscher Geschichte erfüllen«, auszudrücken.

Die Begeisterung für Hitler hatte – lange Zeit zumindest – alle soziale Schichten und Altersgruppen erfasst. Hier ein Propagandafoto von 1935.

Man sollte die vergangenen Zeiten nie vergessen,
damit man die heutige Zeit kann daran ermessen.

Denn in der Vergangenheit, das waren schlimme Jahren [sic]
Auf der Straße waren die Menschen in Lebensgefahren
Ob nicht ein Schuss kam von einem Unbekannten
Und die Leute auf der Straße tot zusammensanken.

Denn diese Gefahren sind doch heute alle vorbei
Man kann gehen auf der Straße, es ist einerlei
Ob man geht bei Tage oder sogar bei der Nacht
Durch diese Leute wird niemand mehr in Lebensgefahr gebracht.

Jetzt möchte ich noch betonen, dass ich kein Dichter bin
Was ich gebracht, kam mir nur so in den Sinn

Nur ein kleiner Unterbeamter bin ich zwar
Bin Justizwachtmeister siebenunddreißig Jahr.

Ich möchte den Herrn Minister bitten, mir Nachricht zu geben
Denn dieses wäre eine Freude für mein ferneres Leben
Dass ich weiß, mein Gedicht hat Hand und Fuß
Ich schließe jetzt mit »Heil Hitler«, dem deutschen Gruß.

Ob Goebbels dem dichtenden Beamten tatsächlich eine Einschätzung seines Gedichts zukommen ließ und ob die Reime seiner Karriere förderlich waren, ist leider nicht überliefert.

Am Ende dieses Kapitels soll noch ein Gedicht zitiert werden, in dem Eltern voller Stolz die – echte oder vermeintliche – Hitler-Verehrung ihrer dreijährigen Tochter schilderten. Dargestellt wird Hitler dabei als ein »guter Onkel« – viel flacher ging es kaum noch. Wilhelm E. schickte die folgenden Zeilen am 21. Juni 1936 mitsamt einem Foto des Kindes dem Propagandaminister:[7]

Eva spielt für sich allein,
  möchte gern bei Onkel Hitler sein.
Ihr Stühlchen und der Puppenwagen
Wird schnell in seine Näh getragen.
Darauf kuschelt sie sich dann
Ganz dicht an Onkel Hitler ran.

Vati, ich möchte Onkel Hitler ein Händchen geben,
  doch ich fasse stets daneben.
Steh auf dem Stuhl schon auf den Zehen
Und es will immer noch nicht gehen.
Vati heb mich bitte hoch.

Vati es will gar nicht passen
Kann Onkel Hitlers Hand nicht fassen,
doch seine Wangen die sind frei.
Da mach ich Onkel Hitler ›ei‹.
Ja Vati?

So vergeht ihr Stund um Stunde,
bis es klang aus Muttis Munde:
›Eva komm, wir wollen essen.‹
Das hatte Eva ganz vergessen.
Die Störung mochte sie nicht leiden:
›Will doch bei Onkel Hitler bleiben.‹

»Wer kennt die Schmach?«

Der Versailler Vertrag und seine Folgen

Der im Juni 1919 unterzeichnete Friedensvertrag von Versailles und seine Folgen prägten für Jahrzehnte das Denken, Handeln und Fühlen der Deutschen. Quer durch alle politischen Lager riefen die von den siegreichen Alliierten diktierten Bedingungen von Anfang an vor allem Wut und Empörung hervor.[1] Deutschland musste ein Siebtel seines Territoriums und damit zugleich ein Zehntel seiner Bevölkerung abtreten. In verschiedenen Grenzgebieten sollten Volksabstimmungen über die staatliche Zugehörigkeit entscheiden: Eupen-Malmedy fiel dabei 1920 an Belgien, Nordschleswig zum Teil an Dänemark. Das Saargebiet wurde zunächst für 15 Jahre dem Völkerbund unterstellt, bevor dann auch dort eine Volksabstimmung stattfinden durfte.

Die Stärke des deutschen Heeres schrieb der Versailler Vertrag auf 100 000 Berufssoldaten fest, die Marine durfte nur noch 15 000 Mann unterhalten. Damit mussten rund 300 000 Soldaten – unter ihnen 30 000 Offiziere – entlassen werden, wodurch nicht zuletzt die Zahl der Arbeitslosen in Deutschland weiter stieg. Der Besitz schwerer Waffen war der Reichswehr ebenso verboten wie die Aufstellung von Luftstreitkräften. Die Friedensbedingungen sahen zudem eine auf 15 Jahre befristete Besetzung des linken Rheinufers und der Brückenköpfe durch alliierte Truppen sowie die Entmilitarisierung des Rheinlands vor. Der von beiden Staaten angestrebte Anschluss Deutsch-Österreichs an das Deutsche Reich wurde untersagt. Da der Versailler Vertrag zudem Deutschland die alleinige Kriegs-

schuld zuschrieb, wurde das Reich zu erheblichen Reparations-
zahlungen an die Siegermächte verpflichtet. Nachdem deren
Höhe zunächst offen gelassen worden war, legten die Alliierten
sie im Januar 1921 auf die Summe von 226 Milliarden Gold-
mark fest, zahlbar in 42 Jahresraten bis 1963. Diese immense
Forderung, die später freilich noch reduziert wurde, heizte die
Stimmung gegen die Alliierten in der deutschen Öffentlichkeit
weiter an. Vor allem wegen der Gebietsverluste, der als über-
mäßig und willkürlich empfundenen Reparationsforderungen
und des »Kriegsschuldartikels« wurde der Versailler Vertrag von
der äußersten Rechten bis hin zur Sozialdemokratie abgelehnt.
Nachdem der Reichstag – mangels Alternativen – den »Diktat-
und Schandfrieden« am 22. Juni 1919 dennoch mit 237 gegen
138 Stimmen gebilligt hatte, wurde er sechs Tage später im
Spiegelsaal des Schlosses von Versailles unterzeichnet und trat
am 10. Januar 1920 in Kraft. Zusammen mit der sogenannten
»Dolchstoßlegende« wurde der Versailler Vertrag in den folgenden Jahren zu heftigster Agitation gegen die Weimarer Republik und das Ausland genutzt. Nicht nur die Nationalsozialisten
warfen den republikanischen Kräften vor, mit der Unterzeich-
nung des Vertrags zu einer Erniedrigung des Deutschen Reichs
und zur Verweigerung des Selbstbestimmungsrechts Deutschlands beigetragen zu haben. Zahlreiche Bilder und Postkarten
zeigten die einst stolze und kämpferische Germania gefesselt
und hilflos am Marterpfahl. Die »Fesseln von Versailles« zu
sprengen, gehörte in den Jahren der Weimarer Republik daher
zum Hauptziel deutscher Außenpolitik.

Der Friedensvertrag war der Nährboden, auf dem radikale
Kräfte gediehen – und insbesondere Hitler verstand es meister-
haft, die allgemeine Stimmung für sich auszunutzen. Dass er
den Versailler Vertrag vor allem als Vehikel sah, um in das deut-

Als Folge des Ersten Weltkriegs fanden in Teilen des deutschen Reiches Volksabstimmungen statt. In Oberschlesien etwa konnten die Menschen über die Zugehörigkeit zu Deutschland oder Polen abstimmen. Das Bild zeigt einen Reisepass, ausgestellt zur Wahl von der Interalliierten Kommission.

»Gebrochen Ehre, Stolz und Macht …« – Das Bild zeigt deutsche Kriegsflugzeuge, die auf alliierten Befehl hin hatten zerstört werden müssen.

sche Volk »wieder den Geist stolzer Selbstbehauptung, männlichen Trotzes und zornigen Hasses … hineinzupflanzen«, legte er in seinem 1924 verfassten Machwerk »Mein Kampf« ausführlich dar:[2] »Wie konnte dieses Instrument einer maßlosen Erpressung und schmachvollsten Erniedrigung in den Händen einer wollenden Regierung zum Mittel werden, die nationalen Leidenschaften bis zur Siedehitze aufzupeitschen?«, fragte er. »Wie konnte bei einer genialen propagandistischen Verwertung dieser sadistischen Grausamkeiten die Gleichgültigkeit eines Volkes zur Empörung und die Empörung zur hellsten Wut gesteigert werden? Wie konnte man jeden einzelnen dieser Punkte dem Gehirn und der Empfindung dieses Volkes solange einbrennen, bis endlich in sechzig Millionen Köpfen bei Männern und Weibern, die gemeinsam empfundene Scham und der gemeinsame Hass zu jenem einzigen feurigen Flammenmeer geworden wäre, aus dessen Gluten dann stahlhart ein Wille empor steigt und ein Schrei sich herauspresst: Wir wollen wieder Waffen!«

In den Augen vieler Deutscher war Hitler am Ende tatsächlich der Mann, der die Fesseln von Versailles sprengen und Deutschland zu neuer Größe führen konnte. Wie stark die »Schmach von Versailles« noch in den 1930er-Jahren die Gefühls- und Gedankenwelt der Menschen prägte, zeigt sich auch in vielen Gedichten, die in diesem Kapitel zitiert werden: Da beklagte 1935 ein Saarbrücker, »*das Reich war jahrelang erschüttert, / Gebrochen Ehre, Stolz und Macht, / In Seelennot das Volk zersplittert*«, um gleich darauf Hitler zu preisen: »*Er hat es wieder zusammen gebracht!*« Ein Düsseldorfer reimte ein Jahr später: »*Ein Deutschland darf nimmer entwaffnet / darf nicht geknebelt sein*«, und ein anderer jubelte: »*Wir schütteln sie ab, die französische Schmach, wir wollen nicht ewig Sklaven sein*«.

Die Ruhr-Invasion: Das »moralische Rückgrat Deutschlands gebrochen«

Im Januar 1923 besetzten französische und belgische Truppen das Ruhrgebiet, um die dortige Kohle- und Koksproduktion als »produktives Pfand« für die Erfüllung der deutschen Reparationsverpflichtungen zu verwenden. Der Reichsregierung unter dem parteilosen Kanzler Wilhelm Cuno blieb angesichts der weltpolitischen Lage nichts anderes übrig, als die Bevölkerung in den besetzten Gebieten zum »passiven Widerstand« aufzurufen: die Kohlelieferungen an Frankreich wurden eingestellt, Beamte und Behörden wurden angewiesen, sich den Anordnungen der Besatzer zu widersetzen, es kam vielerorts zu Streiks. Als sich diese Maßnahmen als weitgehend wirkungslos

erwiesen, eskalierte die Lage zunehmend: Es kam zu Sabotage-
akten und Anschlägen gegen die Besatzungsmächte, die ihrer-
seits mit Sühnemaßnahmen reagierten. Bereits im September
1923 musste die Reichsregierung den Abbruch des Widerstan-
des verkünden; die Besetzung des Ruhrgebietes endete erst im
Sommer 1925.

Adolf Hitler, der in der Ruhr-Invasion vor allem einen Versuch Frankreichs sah, »das moralische Rückgrat Deutschlands«
endgültig zu brechen,[3] entwickelte in »Mein Kampf« eine ganz
eigene Sicht auf die Dinge: »Mit der Besetzung des Ruhrgebietes hat das Schicksal noch einmal dem deutschen Volk die Hand
zum Wiederaufstieg geboten. Denn was im ersten Augenblick
als schweres Unglück erscheinen musste, umschloss bei nähe-
rer Betrachtung die unendlich verheißende Möglichkeit zur Be-
endigung des deutschen Leidens überhaupt«. Das Ruhrgebiet
hätte »für Frankreich zum napoleonischen Moskau werden«
können. »Es gab« – so Hitler – »ja nur zwei Möglichkeiten: entweder man ließ sich das auch noch gefallen und tat nichts oder
man schuf dem deutschen Volk, mit dem Blick auf das Gebiet
der glühenden Essen und qualmenden Öfen, die Möglichkeit,
diese ewige Schande zu beenden und lieber den Schrecken des
Augenblicks auf sich zu nehmen, als den endlosen Schrecken
weiter zu ertragen.«[4]

Die Rückkehr des Saargebiets

Gemäß den Bestimmungen des Versailler Vertrags war das
Saarland mit seinen rund 800 000 Einwohnern unter die Ver-
waltung des Völkerbundes gestellt worden. Im Rahmen der
ebenfalls im Vertrag vorgesehenen Volksabstimmung durfte
die Bevölkerung am 13. Januar 1935 darüber entscheiden, ob
das Gebiet seinen Status behalten oder an das Deutsche Reich

beziehungsweise an Frankreich angeschlossen werden sollte. Im Vorfeld der Abstimmung kam es zu erheblichen Propagandaanstrengungen, insbesondere durch die »Deutsche Front«, einen Zusammenschluss rechter Parteien unter Führung der NSDAP. »Deutsch ist die Saar, immerdar!« lautete das Motto der von Propagandaminister Goebbels gelenkten Kampagne, mit der das Saarland »heim ins Reich« geholt werden sollte. Der Erfolg war beachtlich: 90,5 Prozent der Stimmberechtigten votierten für einen Anschluss an Deutschland. Bereits am 1. März 1935 wurde das Ergebnis der Abstimmung umgesetzt und das Saargebiet der Reichsregierung unterstellt. Dieser Erfolg steigerte die Popularität Hitlers ungemein; die Deutschen feierten die »Heimkehr der Saar« als den bis dahin größten Erfolg ihres »Führers«.

Noch ganz beschwingt von der allgemeinen Euphorie jener Tage war offenbar jener Saarbrücker Bürger, der im September 1935 dem Propagandaministerium in Berlin sein Gedicht »Deutschland ist erwacht« zusandte:[5]

Gekommen ist der große Tag,
Gott hat erhört das Fleh'n und Bitten –
Befreit hat er uns von der Schmach,
Worunter wir vierzehn Jahre gelitten.
Mürrisch ging hinterm Pflug der Bauer,
Der Arbeiter schaffte ohne Lust –
In jedem deutschen Haus war Trauer
Und Scham in jeder deutschen Brust.

Deutschland ist wieder neu erwacht
Und Zucht und Ordnung herrscht im Land –
Zerschmettert ist die rote Macht,

Seit Adolf Hitler uns erstand.
Er hat gefegt mit eisernem Besen
Hinweg das rote Höllengezücht;
Unter seiner Führung wird Deutschland genesen!

Die Sonne scheint wieder heller am Morgen,
Mit Freuden wird begrüßt der Tag -
Der Führer nimmt dem Volk die Sorgen,
Schafft Brot für alle – nach und nach.
Das Reich war jahrelang erschüttert,
Gebrochen Ehre, Stolz und Macht,
In Seelennot das Volk zersplittert -
Er hat es wieder zusammen gebracht!

Dies wollen wir ihm ewig danken
In fester, treuer Beständigkeit!
Das neue Reich soll nie mehr wanken,
Soll neu aufblüh'n in Einigkeit.
Stolz sollen seine Fahnen wehen
Vom Saargebiet bis Ostseestrand -
Treu wollen wir zum Führer stehen
Heil Hitler dir! Heil Vaterland!

Das »Unternehmen Winterübung«

Die meisten Deutschen standen hinter Hitler, als er im Lauf der 1930er-Jahre die internationalen Verträge Bestimmung um Bestimmung brach, beispielsweise durch die »Befreiung« des Rheinlands. In einer von allen deutschen Rundfunksendern übertragenen Rede kündigte Hitler am 7. März 1936 die »Wiederherstellung der deutschen Wehrhoheit« und damit die Besetzung der entmilitarisierten Rheinlandzone an. Im Rahmen des so genannten »Unternehmens Winterübung« überquerten 30 000 Soldaten der Wehrmacht den Rhein und besetzten das bis dahin entmilitarisierte Gebiet. Damit brach das Deutsche Reich nicht nur den Versailler Vertrag, sondern auch den Locarno-Pakt vom Oktober 1925, in dem es sich mit den ehemaligen Kriegsgegnern auf ein europäisches Sicherheits- und Friedenssystem geeinigt hatte.[6] Deutschland, Frankreich und Belgien hatten darin auf eine gewaltsame Veränderung ihrer Grenzen verzichtet und noch einmal die in Versailles festgelegte deutsche Westgrenze und die Entmilitarisierung des Rheinlands bekräftigt. Hitler rechtfertigte seinen Bruch dieses Pakts mit dem Verweis auf das Selbstbestimmungsrecht der Völker und darauf, dass Frankreich durch einen im Mai 1935 mit der Sowjetunion geschlossenen Beistandspakt den Locarno-Pakt bereits zuvor gebrochen habe.

Am 14. September 1936 stellte Hitler fest, die schwerste der ihm gestellten politischen Aufgaben sei nunmehr gelöst, nämlich die »Wiederherstellung der Ehre und der Gleichberechtigung des deutschen Volkes«.[7] Wieder einmal entfachte er Begeisterungsstürme in der Bevölkerung, vor allem natürlich in den »befreiten« Gebieten selbst. Entsprechend dankte ihm »Frau Ernst Rabe« aus Trier – sicherlich stellvertretend für viele – bereits am 16. März 1936 mit einem Gedicht, das die Überschrift trug »Dem Führer aus Dankbarkeit gewidmet von einer treu deutschen Frau«. Darin verstieg sich die Autorin sogar zu der Überzeugung, Hitler sei von Gott gesandt:[8]

Führer des Volkes, so edel und rein,
Sollst stets Beschützer der Heimat sein!
Gott hat Dich als Führer auserkoren,
Du bist für Deutschlands Söhne geboren.

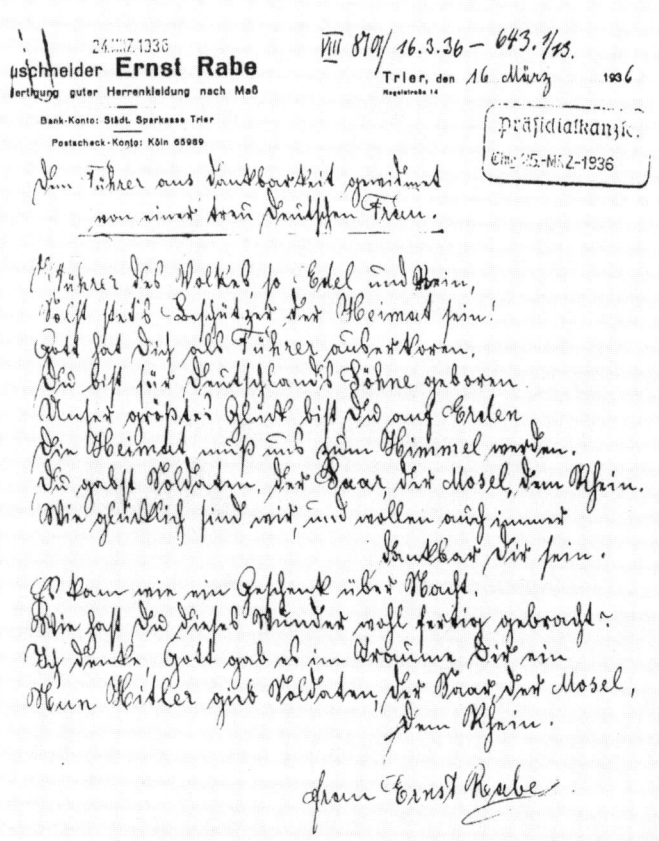

Die Frau des Herrenschneiders Ernst Rabe aus Trier war stolz darauf, eine »deutsche Frau« zu sein, und zugleich überzeugt davon, dass Gott im Traum Hitlers Handeln bestimmte.

Unser größtes Glück bist Du auf Erden,
Die Heimat muss uns zum Himmel werden.
Du gabst Soldaten der Saar, der Mosel, dem Rhein.
Wie glücklich sind wir, und wollen auch immer dankbar
    Dir sein.
Es kam wie ein Geschenk über Nacht.
Wie hast Du dieses Wunder wohl fertig gebracht?
Ich denke, Gott gab es Dir im Traume ein
Nun, Hitler, gib Soldaten der Saar, der Mosel, dem Rhein.

Im Hinblick auf die Besetzung des Rheinlandes reimte Lehrer Heinz Urig aus Schwabing den folgenden »Schwur der Deutschen«[9] und widmete ihn »dem besten Deutschen, dem treuesten Freunde Adolf Hitler«:

Es braust ein Ruf am schönen Rhein
Wir alle wollen Deutsche sein!
Am Rhein, am Rhein, am stolzen Rhein
Wir wollen seine Treuen sein!
Mein Vaterland, wir rächen dich!
Mein Heimatland, wir rächen Dich!
Frei wirst Du doch, das schwören, schwören wir!

Freund Hitler war der edle Held
Der sich als Erster hingestellt
Und uns geweckt aus Leidensnacht
Und uns das Licht des Tags gebracht!
Freund Hitler Heil! Wir ehren dich!
Freund Hitler Heil! Wir lieben dich!
Wir bleiben treu und danken Dir!
Wir bleiben treu und danken Dir!

Im alten deutschen Vaterland
Da schwörte Treue Druck der Hand!
In München ward' die Treu' verletzt
Und Helden in den Tod gehetzt!
Ihr wack'ren deutschen Brüder all'
Wir rufen heut' mit lautem Schall:
Wir streiten für die Wahrheit und das Recht!
Wir streiten für die Wahrheit und das Recht!

Es braust ein Ruf am Isarstrand,
Wir schützen unser deutsches Land,
Solange noch die Rebe blüht,
Solange noch die Sonne glüht!
Mein Bayernland, wir lieben Dich!
Mein Pfälzerland, wir rächen Dich!
Frei wirst Du doch, mein deutsches Vaterland,
Frei wirst Du doch, mein schönes Heimatland!

Urig, der sich als ehemaliges Mitglied der Großdeutschen Volksgemeinschaft zu erkennen gab, also als Mitglied der Ersatzorganisation der NSDAP während der kurzen Zeit ihres Verbots
nach dem missglückten Hitler-Putsch von 1923, betrieb hier
ziemliche Geschichtsklitterung – übrigens ein beherrschendes
und wiederkehrendes Element in den Gedichten an Hitler –,
indem er die 16 beim Putschversuch in München getöteten
Demonstranten zu Helden verklärte, die »in den Tod gehetzt«
worden seien.

Formal ist Urigs Gedicht von dem populären Lied »Die
Wacht am Rhein« inspiriert, dessen Text Mitte des 19. Jahrhunderts von Max Schneckenburger gedichtet worden war. Im Ori-
ginaltext braust »ein Ruf wie Donnerhall, / wie Schwertgeklirr

RHEINLANDBESETZUNG: DEUTSCHE INFANTERIE
BEIM MARSCH ÜBER DIE HOHENZOLLERN-BRÜCKE IN KÖLN

Seltene Aufnahme des deutschen Einmarsches in das entmilitarisierte Rheinland.
Einmal mehr hatte Hitler damit die Bestimmungen des Versailler Vertrags gebrochen.

Das »Unternehmen Winterübung«   **51**

und Wogenprall: / Zum Rhein, zum Rhein, zum deutschen Rhein!«. Die antifranzösische Tendenz ist in beiden Gedichten schwer zu übersehen.

Deutsche Wacht am Rhein, die Schmach von Versailles getilgt, Jubel und Freude ohne Ende – all diese von der NS-Propaganda gepflegten Klischees bedienten auch die nachfolgenden Gedichte, so der in den Reimen holprige und in der Grammatik schwache Text aus dem Jahr 1936 mit der Überschrift »Das danken wir unserem Führer!«:[10]

> *Nun ist der Tag der Freiheit da,*
> *Das Rheinland steht wie ehemals!*
> *Nicht mehr Wehr- und Waffenlos,*
> *Seine Grenzen sind nicht mehr bloß.*
> *Ein Sonnentag, den uns der 7. März beschert,*
> *Gab' uns das, was wir so lange entbehrt.*
> *Der Führer schenkte uns an diesem Tag*
> *Am Rhein eine deutsche Wacht.*
> *Alte Garnisonen bekamen ihre Soldaten,*
> *Die sie so lange nicht gesehen haben.*
> *Jubel und Freude ohne Ende;*
> *Denn nun wird sich alles zum besten wenden.*
> *Unsere Kinder sehen wieder am Rhein deutsche Soldaten*
> *Von denen sie im Traum, ach so oft geträumt haben!*
> *Deutschland, stolzes großes Reich,*
> *Du wurdest durch unseren Führer frei!*
> *Der Führer machte dich groß und stark,*
> *Bis hinein an der deutschen Saar.*
> *Ruhig können wir zur Arbeit gehen und den Acker bebauen,*
> *Mit Stolz auf unseren Führer schauen.*

Das danken wir unserem Führer!

Nun ist der Tag der Freiheit da,
Das Rheinland steht wie ehemals!
Nicht mehr Wehr- und Waffenlos,
Seine Grenzen sind nicht mehr bloß.
Ein Sonnentag den uns der 7. März bescheert,
Gab' uns das, was wir solange entbehrt.
Der Führer schenkte uns an diesem Tag,
Am Rhein eine deutsche Wacht.
Alte Garnisonen bekamen Ihre Soldaten,
Die Sie so lange nicht gesehen haben.
Jubel und Freude ohne Ende;
Denn nun wird sich alles zum Besten wenden.
Unsere Kinder sehen wieder am Rhein deutsche Soldaten,
Von denen Sie im Traum, schon so oft geträumt haben!
Deutschland stolzes großes Reich,
Du wardest durch unseren Führer frei!
Der Führer machte Dich Groß und Stark,
Bis hinein an der deutschen Saar.
Ruhig können wir zur Arbeit gehen und den Acker bebauen,
Mit Stolz auf unseren Führer schauen.
Dem das große Werk gelang
Und die Schmach von Versailles bezwang.
Unserem Führer gilt heut unser Dank,
Wir reichen Ihm im Geist die Hand
Und zum Himmel nur ein einziger Schrei,
Dem Führer für immer, ewige Treu!

»Jubel und Freude ohne Ende; / Denn nun wird sich alles zum Besten wenden.« – Der unbekannte Verfasser dieses Gedichts hatte sich unverkennbar mit der Schönschrift mehr Mühe gegeben als mit den Reimen.

Dem das große Werk gelang
Und die Schmach von Versailles bezwang.
Unsrem Führer gilt heute unser Dank,
Wir reichen Ihm und gibt [sic] die Hand
Und zum Himmel nur ein einziger Schrei
Dem Führer für immer, ewige Treu.

Auch Julius Spix aus Horst dankte am 23. Januar 1937 »unserem Führer Adolf Hitler zum Tag der nat. Erhebung« dafür, dass dieser Deutschland aus der vermeintlichen Schande befreit habe. Dass Hitler das Land geradewegs in den Untergang führte, wollte er – wie viele andere Deutsche – nicht sehen. »Deutschlands Erwachen« hieß das seinem Schreiben beigefügte Gedicht, in dem es unter anderem heißt, die ganze Welt beneide die Deutschen um Hitler; zutreffender wäre wohl die Aussage gewesen, dass mittlerweile immer größere Teile der Welt sich vor Hitler und Deutschland zu fürchten begannen.[11] Immerhin stimmen in Spix' Gedicht die Reime:

Durch Schandvertrag wurde Deutschland ganz entrechtet
Man sah in ihm nur einen Knecht
Der Deutsche wurde überall geächtet
Auch stahl man ihm das allerkleinste Recht.
In dieser Not erstand dem Reich der große Mittler
Der gab zurück dem Land die alte Ehr.
Die ganze Welt beneidet uns um Adolf Hitler
Er schuf des Vaterlandes starke Wehr.
Drum deutsches Volk, bewahr dem Führer deine Treue
Dann wird er immer für dich gerade stehn.
Er denkt und sorget wieder stets aufs neue
Sein Deutschland wird ja niemals untergehn.

Am Tag der Reichstagswahl und der nachträglichen Volksabstimmung über die Rheinland-Besetzung, am 29. März 1936,
versprach Wilhelm Kohlard aus Düsseldorf, also einer der
»Befreiten«, ebenfalls Treue – und zwar bis »zum letzten Herz-
schlag«. Auch ihm klang der bekannte Vers von der »Wacht am
Rhein« im Ohr:

Das waren herrliche Worte,
die jüngst der Führer sprach,
als er mit einem Schlage,
die letzten Fesseln brach.
Nun darf das Rheinland wieder
geschützt und gepanzert sein;
Nun haben wir endlich wieder
eine wehrhafte ›Wacht am Rhein.‹
Du Großer, das waren Worte,
auf welche die Welt gehört!
Du hast damit wieder aufs neue
unserm Volk das Glauben gelehrt.
Ein Deutschland darf nimmer entwaffnet
darf nicht geknebelt sein;
Der Rhein darf nie mehr geknechtet,
unser heiliger Strom muss er sein.
Wir hoffen voll festem Vertrauen
der starken Führung Hand,
und helfen auch weiter bauen
ein wehrhaftes Vaterland.
Du hast der Welt gezeiget,
was deutscher Mut vermag;
Wir danken Dir Mut und Treue
bis zum letzten Herzensschlag.

Tausende solcher Briefe trafen in Berlin ein – ihren Adressaten, den »Führer und Reichskanzler«, dürften sie in den seltensten Fällen direkt erreicht haben.

Emilie Rösch aus dem Hamburger Ortsteil Lohbrügge reimte aus demselben Anlass am 23. März 1936:[12]

> *Du befahlst uns zu gehen und zu wandern,*
> *Nicht die ausgetretenen Pfade der Anderen!*
> *Weit in die Ferne ging Dein Blick.*
> *Bedachtest immer: kommender Generationen Geschick.*
> *Alles für Deutschland! So klar und doch so schwer*
> *Millionen Deutsche Menschen kannten den Sinn dieser Worte*
>   *nicht mehr*
> *Da kamst du, rissest uns vom Abgrund zurück! Und wandest:*
> *Kommender Generationen Geschick!*
> *Das Ausland hasst uns, weil wir Hitler lieben!*
> *Weil wir ›Alles für Deutschland!‹ auf unsere Fahnen schrieben*
> *Komme, was will. Wir kennen kein ›Zurück‹!*
> *Ein ganzes Volk hat erkannt: kommender Generationen Geschick!*

»Alles für Deutschland« war eine Losung der SA, mit der Frau Rösch offenbar sympathisierte. In einer Sache war sie auf jeden Fall sehr hellsichtig: Wähnte ein weiter oben zitierter Gedichtschreiber,[13] die Welt würde Deutschland um Hitler beneiden, war Emilie Rösch davon überzeugt, das Ausland würde Deutschland gerade seinetwegen hassen. Damit hatte sie sicher eher Recht.

Schließlich soll noch ein gewisser Ernst Reuter zu Wort kommen – ein Namensvetter des berühmten SPD-Politikers und späteren West-Berliner Bürgermeisters –, der in Anlehnung an die NS-Parole »Ein Volk, ein Reich, ein Führer« ein Poem namens »Ein Reich, ein Führer, ein ja« verfasst hatte:[14]

Wer kennt Versailles? Wer kennt die Schmach?
Wer kennt die französischen Pakte?
Wer kennt die Festungen? Den Russenvertrag?
Alles, was man Deutschland hinterlistig aufsackte.
Der Gallische-Hahn mit der Kommune thront,
der Vertrag hat sich für beide gelohnt.
doch das dicke Ende kommt jetzt nach,
wir schütteln sie ab, die französische Schmach,
wir wollen nicht ewig Sklaven sein
und besetzen unser'n deutschen Vater Rhein,
ob man uns Hass oder Liebe zollt,
wir können nicht anders, so habt ihr's gewollt,
denn letzten Endes bricht Not gar Eisen,
das wird der neunundzwanzigste März beweisen,
werden Mann für Mann hinter dem Führer steh'n,
und mit ihm siegen für Deutschlands Wohlergeh'n!

»Lasst hell die Freudenfeuer glänzen!«

Die Annexion Österreichs

Der Einmarsch der Wehrmacht in Österreich und die anschlie-
ßende De-facto-Annexion der Alpenrepublik kamen nicht über-
raschend. Mit einer Politik unablässiger Nadelstiche hatten die
Nationalsozialisten die Regierung von Bundeskanzler Kurt
Schuschnigg drangsaliert, bis Hitler schließlich am 11. März
1938 unter dem Decknamen »Unternehmen Otto« den Befehl
zum Einmarsch in Österreich gab. Insgesamt 65 000 Soldaten
und Polizisten rückten einen Tag später im Nachbarland ein und
wurden von der überwiegenden Mehrheit der Bevölkerung mit
offenen Armen empfangen. Das galt vor allem für Hitler, der
am Nachmittag des 12. März in der Nähe seiner Geburtsstadt
Braunau die Grenze überschritt. Das Gesetz über die »Wiedervereinigung« Österreichs mit dem Deutschen Reich wurde
am 13. März in Linz vereinbart und noch am gleichen Tag in
Wien beschlossen. Österreich galt damit als Teil des Deutschen
Reiches, die bisherige Bundesregierung blieb als Landesregie-
rung unter dem SS-Oberführer, »Bundeskanzler« und späteren
Reichsstatthalter Arthur Seyß-Inquart im Amt.

Um die Annexion Österreichs nachträglich zu legitimieren,
setzte Hitler für den 10. April 1938 eine Volksabstimmung an,
bei der in Österreich und in Deutschland jeweils über 99 Prozent der Wähler für den Anschluss votierten. Die Begeisterung
vieler Österreicher hatte sich schon bei der Ankunft Hitlers gezeigt. Die Zeitung »Neue Freie Presse« – aus deren Redaktion
bereits am Tag des »Anschlusses« sämtliche jüdischen Mitarbei-

ter entfernt worden waren und die später komplett in nationalsozialistische Hand geriet – beschrieb in ihrer Ausgabe vom 14. März 1938 die allgemeine Stimmung bei der Ankunft des »Führers« in Linz – natürlich in deutlich gefärbter Sichtweise:[1]

»Parteigenossen, SA-Männer auf Motorrädern und Kraftwagen eröffnen mit wehenden Fahnen den Vorbeimarsch. Dann kommt die österreichische SA. (…) Hinter der Fahne marschieren sie an ihrem Führer vorbei, der sie jahrelang unter schwersten Opfern und Verfolgung gefolgt sind. Harte, kantige Gesichter sind es, die in langen Jahren des Kampfes und der Verfolgung hart und streng geworden sind, die aber jetzt vor Freude aufleuchten, da sie zum erstenmal wieder an ihrem Führer vorbeimarschieren. Sie ziehen am Führer vorbei als die verschworene Gemeinschaft, die sie immer waren und als die sie Österreich dem Nationalsozialismus erobert haben.

Während des Vorbeimarsches kreisen Bomber, Jagdflugzeuge und Fernaufklärer über der Stadt. In das Jubeln der Menge, in das Spielen der Musikzüge mischt sich ihr Donner aus den Lüften zu einem ehernen symbolischen Gleichklang.

(…) Dann kommen die Jungen, die in ihren Schulen und an ihren Arbeitsplätzen so vielen Verfolgungen ausgesetzt waren, die aber ihren älteren Kameraden in der SA und SS so manche schwere Arbeit des Kampfes abgenommen haben und die nun mit stolzer Freude an diesem Ehrentag der österreichischen Nationalsozialisten teilnehmen. Ihnen schließen sich die Reihen des BdM[2] an. An ihren Gesichtern kann man ermessen, welch unendliches Erlebnis für sie alle dieser Vorbeimarsch vor dem Führer ist. Sie haben Tränen in den Augen. In wunderbarer Disziplin ziehen sie am Führer vorbei. Gerade ausgerichtet sind ihre Reihen, obwohl man ihnen allen ansieht, dass sie am liebsten zum Führer vorstürmen und ihm alle die Hand schütteln

Skurrile Szene. Den NS-Propagandisten war keine Idee zu abstrus, um die Begeisterung der Bevölkerung über die Annexion Österreichs zu suggerieren.

möchten. Den Beschluss des Vorbeimarsches bildet wieder eine Abteilung der SS. Fast eine Stunde hat der Vorbeimarsch gedauert. Der brausende Jubel und die unendliche Begeisterung, die während der ganzen Zeit ununterbrochen angehalten haben, verstärken sich noch einmal in diesem Augenblick, als der Führer nach allen Seiten die Volksgenossen grüßt und sich ins Hotel zurück begibt.«

Vom Jubel dieser Tage noch ganz erfüllt war offenbar der Linzer Ferdinand Rasteiger, der am 20. März 1938 an Goebbels schrieb, er habe »anlässlich des triumphalen Einzuges unseres Führers in Linz (…) in Ergriffenheit und Begeisterung folgende Worte geformt«:[3]

Der Allmächtige erhalte unsern Führer, unser Land!
Groß durch seine Willensstärke führt er uns mit fester Hand!
Lässt uns seine hehren Werke schützen gegen jeden Feind:
Ewig ist durch Hitlers Taten Großdeutschland nun stets vereint!

Überall in Österreich – wie hier in Salzburg – wurden die deutschen Truppen von begeisterten Menschen empfangen. Für dieses Foto posierten junge Leute mit Hitlerfoto und Hakenkreuzfahne.

Diese Verse, zeigte sich Rasteiger überzeugt, würden – nach der Melodie des Deutschlandliedes gesungen – »als erste oder zweite Strophe dieses Liedes von der ganzen Bevölkerung mit Begeisterung gesungen werden«.

Bereits am 12. März, dem Tag des Einmarsches, hatte ein namentlich nicht bekannter Soldat, der als Offizier in der österreichischen Armee gedient hatte, dem Reichsministerium für Volksaufklärung und Propaganda in Berlin die folgenden Zeilen geschickt:

> »Wollen Sie gütigst die Formlosigkeit entschuldigen, aber uns ist das Herz voll. Vorläufig fühlen wir mehr als wir denken und geschlafen haben wir auch nicht – die Nacht gehörte dem Jubel in den Straßen. Ich sende Ihnen als namenloser Soldat fürs Deutsche Volkstum ein paar ›Verschen‹, die metrisch ziemlich einwandfrei sind, sicher aber von ganzer Seele kommen. Leute wie ich, die als aktive Offiziere in Österreichs Armee den Krieg mitmachten, die Geschichte der Österreicher kennen, die Deutsche Geschichte kennen & nichts anderes als Leid & nochmals Leid im deutschen Herzen mit sich trugen – nur die kennen so voll & ganz welcher Alp[4] von unsrer Seele gewälzt wurde.
> Wir haben Ehre & Glauben wieder – vom Brot allein kann man nicht leben.
> Vielleicht kommt der Führer doch bald – dass wir ihn lieben als Bruder unserer Heimat, das müsst Ihr verstehen; & wenn ich ihn recht verstehe, so lässt er uns nicht warten: den Tag wird er ebenso wenig vergessen wie die anderen Marksteine seines heroischen Lebens.
> Und wenn ich meinen Namen nicht nenne, so fasst das so auf, wie ich's meine: Ich will nicht, dass, falls das eine oder andere Ihr ›placet‹ bekommt, mir sagen oder sagen lassen, dass auch nur

ein Quentchen Eigennutz oder Ehrgeiz mitspielt: Leute wie ich
sind 100%ig – & nicht 101%ig deutsch.«

Fast versteckt findet sich in den Zeilen ein Bezug zur Bibel, nämlich auf den neutestamentarischen Satz »Der Mensch lebt nicht vom Brot allein« (Matthäus 4,1). Das beigefügte Gedicht mit der Überschrift »Österreichs Erwachen« war aber keineswegs von christlichem Gedankengut geprägt:

Die wahrhaft deutsche Pflicht lässt sich nicht
Bedingen, drehn und verbrämen!
Und der dies tut und hat deutsches Blut
Der soll zu Tode sich schämen.
Der, den das Blut nicht zusammenschweißt,
Ist heimatlos und verloren,
Ein Deutscher, der nicht zu Deutschland steht,
Wär besser nimmer geboren.
Dass fremde Völker ein einig Reich
Als Nachbarn nur ungern sehen,
Das kann der deutsche Verstand sehr klar,
Vom anderen Volke verstehen.
Doch dass ein Deutscher im deutschen Land,
Erklärt vom Reiche zu lassen,
Weil seinem Land eine ›Deutsche Mission‹ –
Das wird kein Deutscher je fassen.
Und ein Zersplittern der deutschen Kraft
Mit ›Patriotismus‹ begründen –
Die Liebe zum Deutschen Vaterland,
Die wird kein Deutscher deutsch finden.
Wer kann Paktieren mit fremder Macht
Als ›Deutsches Bekenntnis‹ erklären?

Das ist Verrat und Sophisterei!
Dagegen wird Österreich sich wehren!
Eh' dass die Unterschrift trocken ward,
Ist der Vertrag schon gekündigt:
Durch solche Worte wird klar und schwer
Gegen Deutsches Volkstum gesündigt.
Der Oesterreicher ist kurzweg: deutsch!
Und wird es ewiglich bleiben!
Das soll die Deutsche Geschichte uns
In Deutschlands Ehrenbuch schreiben.
Sie soll aber auch diese Judastat
Mit Schuschnigg's Namen[5] benennen
Und glühende Scham wird für alle Zeit
Die Deutsche Seele verbrennen.
Dein klares, ehrliches Deutsches Wort,
Es ward gebeugt und verbogen
Durch Tat und Reden so listenreich,
So undeutsch, falsch und verlogen!

Ein gewisser H. Kühmayer aus Wien legte gegenüber Propagandaminister Goebbels am 20. März 1938 sein Bekenntnis zu Nationalsozialismus und »Führer« ab. Wie Ferdinand Rasteiger aus Linz war auch Kühmayer überzeugt, dass seine holprigen Verse – als zusätzliche »Grosz-Deutschland-Strophe« – das Deutschlandlied bereichern würden.[6]

Hakenkreuze zieren heute unser aller stolze Brust
Der Bann ist nun gebrochen, dessen sind wir uns bewuszt.
Deutsche, Deutsche sind wir alle, an der Donau und am Rhein!
Heil dem Führer! Heil Grosz-Deutschland! Dieses Reich wird
    ewig sein!

Den Glauben an die »Ewigkeit« des von der nationalsozialistischen Propaganda zum »tausendjährigen« erhobenen Reiches teilten damals viele Zeitgenossen; bewahrheitet hat er sich dessen ungeachtet nicht.

»Des Führers Bild umkränzen«

Auch in Deutschland wurde die »Befreiung« Österreichs von vielen innigst begrüßt, so etwa von Kurt Laws aus Berlin in seinem Gedicht »Dank an den Führer« vom 5. April 1938:[7]

Lasst hell die Freudenfeuer glänzen,
Die Fahnen flattern hoch im Wind
Ihr sollt des Führers Bild umkränzen,
Freut' euch, dass wir vereinigt sind
Mit Österreich, das in langen Jahren
als Bruderland viel Bitterkeit
Und Leid und Not musste erfahren. –
Jetzt ist's befreit!
Es hat das Volk die Schlacht geschlagen,
Des Blutes Stimme hat gesiegt,
Die Fessel, die es hat getragen,
Zerbrochen nun am Boden liegt;
Befreit steht es an seiner Wiege,
Denn aus der Kette wuchs die Kraft,
Die's aus dem Joch geführt zum Siege. –
Es ist geschafft!
Dem Führer ist dies Werk gelungen,
Hier half das Wort nicht, nur die Tat,
Er hat den list'gen Feind bezwungen,
Zertreten ist der Zwietracht Saat,
Gerettet ist der deutsche Namen,

$\overline{VIII}$ 8101/5. f. 38/598-24

Kurt Laws
Berlin O 112
Boxhagener Straße 58   den 5. April 1938

Herrn

Reichsminister Dr. Goebbels

Berlin
Wilhelmplatz

Sehr geehrter Herr Reichsminister!

Ich gestatte mir, Ihnen anbei ein Gedicht zu
überreichen, das meinen und den aufrichtigen Dank
Millionen Deutscher an Adolf Hitler, unseren geliebten
Führer, für seine Großtat zum Ausdruck bringen soll.
Ich bitte Sie höflichst und herzlichst, mir, einem
armen, unbedeutenden, aber ehrlichen Volksgenossen,
den Gefallen zu erweisen, dieses Gedicht dem Führer
zugänglich machen zu wollen.

Heil Hitler!

Floskeln der Selbsterniedrigung prägten die Begleitschreiben vieler selbsternannter
Dichter, die darauf hofften, ihrem »geliebten Führer« eine Freude machen zu können.

Um den ein ganzes Volk gebangt,
Nun reift der Zukunft gold'ne Samen.
Dir Führer, sei gedankt.

In Begleitschreiben an Goebbels hieß es:

> *Sehr geehrter Herr Reichsminister! Ich gestatte mir, Ihnen anbei*
> *ein Gedicht zu überreichen, das meinen und den aufrichtigen*
> *Dank Millionen Deutscher an Adolf Hitler, unseren geliebten*
> *Führer, für seine Großtat zum Ausdruck bringen soll. Ich bitte Sie*
> *höflichst und herzlichst, mir, einem armen, unbedeutenden, aber*
> *ehrlichen Volksgenossen den Gefallen zu erweisen, dieses Gedicht*
> *dem Führer zugänglich machen zu wollen.*

Ebenfalls an Goebbels wandte sich Werner Heitmann aus Hör-
branz bei Bregenz. Er ließ dem Minister am 16. März 1938 ein
langes Dankesgedicht zukommen, um »aus heißem Herzen (…)
dem heißgeliebten Führer und Befreier den Dank der befreiten Auslandsdeutschen zum Ausdruck zu bringen«.[8] Wiederum
nach der Melodie des Deutschlandliedes sollte der folgende
Text gesungen werden:

> *Heil dem Führer! Dem Befreier*
> *Aller Deutschen in der Welt.*
> *Der uns half aus Not und Trübsal,*
> *Der uns schirmet, der uns hält.*
> *Der mit starker Hand zerrissen*
> *Unsrer Ketten Schmach und Pein.*
> *Heil dem Führer! Dem Befreier!*
> *Er ist unser! Wir sind sein.*
> *Der der Welt den Frieden brachte*

Durch die Kühnheit seiner Tat.
Der zertritt, die Böses wollen,
Hass, Verleumdung und Verrat!
Der mit seinem reinen Herzen
Nur für Deutschland kämpft und steht,
Dessen Wort und Werk und Wille
Nie und nimmer untergeht.
Der die Deutschen Lande einte
Zu des Reiches Herrlichkeit.
Was wir tief im Herzen träumten,
Heiß ersehnten alle Zeit!
Er hat es zum Sein gestaltet
Deutschlands größter Sohn und Held!
Heil dem Führer !!! Adolf Hitler
Über alles in der Welt.

Die Gleichsetzung von Volk und Hitler, von Deutschland und »Führer« sind kennzeichnend genug, doch Heitmann hatte – ob bewusst oder unbewusst – eine Anleihe bei der Barbarossa-Sage gemacht: Nach dieser Legende musste sich der legendäre Kaiser Friedrich Barbarossa aufgrund eines Zaubers in einem unterirdischen Schloss des Kyffhäuserberges in Thüringen aufhalten. Schlafend saß er auf einem Stuhl von Elfenbein. Sein roter Bart, der ihm den Namen gegeben hatte, war im Lauf der Zeit schon durch einen Marmortisch gewachsen. Zuweilen hob der Kaiser seine Lider und blinzelte mit den Augen. Damit forderte er in Zeiträumen von 100 Jahren einen Zwerg auf, nachzusehen, ob die Raben – als Symbole der Zwietracht und des Unglücks – noch um den Kyffhäuser flogen und krächzten. War dies der Fall, schloss der Kaiser seufzend die Augen, schlief und träumte weitere hundert Jahre. Der Sage nach sollte

Barbarossa erst dann erwachen, wenn der Bart ganz um den runden Marmortisch gewachsen war, ein Adler den Berg umkreiste und den Rabenschwarm verscheuchte. Friedrich Rückert, der 1788 geborene Dichter und Übersetzer, hatte diese Sage in ein Gedicht gegossen, in dem es unter anderem heißt: »Er hat hinabgenommen / Des Reiches Herrlichkeit, / Und wird einst wiederkommen, / Mit ihr, zu seiner Zeit.«

Hitler als wiedererwachter Kaiser Barbarossa – dieses Bild entsprach durchaus der Ideologie verblendeter Nationalsozialisten. Der Reichsführer-SS Heinrich Himmler etwa sah sich selbst in der Nachfolge des Sachsenkaisers Heinrich I. Diese Form des Größenwahns setzte sich bis zum Ende des Zweiten Weltkriegs fort: Als der Krieg für Deutschland militärisch bereits verloren war, verglich Goebbels in einer Radioansprache am 28. Februar 1945 Hitler mit Friedrich dem Großen, der im Siebenjährigen Krieg häufig in aussichtslosen Situationen gewesen sei und doch aus Preußen die Keimzelle eines neuen Deutschlands gemacht habe.

Auf Goebbels' »gütige Vermittlung« gesetzt

Ein paar Tage nach der Annexion der Alpenrepublik entstand die folgende »Melodieskizze« von Walter Stoltzing, der von Blut und Boden und »trommelfeuergleichem« Kampf schwärmte:[9]

> *Du Adlerflügel – Donnerschlag.*
> *Ein Ruck an allen Riegeln:*
> *Was gestern noch geknebelt lag,*
> *Im schwarzen Kerkersarkophag,*
> *steht heute frei im goldnen Tag:*
> *und morgen wird der Wahlertrag*
> *Den Ruck ins Reich besiegeln.*

Es fiel des Führers Donnerkeil:
Deutsch-Österreich ist frei – Sieg Heil:
Deutsch-Österreich ist frei – Sieg Heil!
All auf – all auf, erwachtes Österreich,
ein warnendes Fanal, Fanal!
Auf auf, auf auf, nach diesem Meisterstreich,
nun schreite frei zur Wahl, zur Wahl!
Die Zeit der Trennung ist dahin!
In deutscher Faust den Schein,
so ziehen wir mit stolzem Sinn,
ins Hitlerreich hinein, hinein:
so ziehen wir mit stolzem Sinn
ins Reich hinein, ins Reich hinein!
Mit Blut und Boden, marsch herein:
Kämpft trommelfeuergleich
Für ADOLF HITLER schon!:
Der Deutschen Nation! –
Es lebe das Germanische Reich
Der Deutschen Nation, Sieg Heil!

Ernst Rausch aus Darmstadt, ein Mitarbeiter der Reichsschrifttumskammer[10], wandte sich am 16. März 1938 an Joseph Goebbels, der in seiner Funktion als Präsident der Reichskulturkammer zugleich sein oberster Dienstherr war. Er »beehrte« sich nun – sicherlich nicht ohne Hintergedanken –, ein Gedicht, das er »zur Erinnerung an die Tage der Wiedervereinigung Oesterreichs mit dem deutschen Mutterlande verfasst habe, und das Adolf Hitler gewidmet ist, zu überreichen«.[11] Weil die deutsche Presse die Veröffentlichung von Gedichten fast immer ablehne, bat er um die »gütige Vermittlung« von Goebbels, damit die Verse irgendwo abgedruckt würden. Zu Papier gebracht hatte

Rausch, unter der Überschrift »Oesterreich«, die folgenden Zeilen:

Die deutsche Ostmark kehrt zum Reich zurück,
Des Weltkriegs Flamme lohte nicht vergebens.
Aus Millionen Augen leuchtet Glück
In nie geahnter Fülle des Erlebens.
Der deutsche Frühling webt im Wiener Wald
Bis hoch zum Gipfelfirst des Alpenwalles,
Und urgewaltig, turmtosend schallt
Das Lied der Heimat: Deutschland über alles!
In Nacht und Not erwuchs dir junge Kraft
Nach bangen Jahren schleichenden Genesens;
Denn in des Herzen Tiefen unerschlafft
Blieb schwellend dir der Keim des deutschen Wesens.
O Österreich, du hast die Flur bestellt
Mit deutschem Fleiß und heißem deutschen Glauben;
Doch fremde Hand zerwühlte dir das Feld;
Die Frucht dir in der Blüte schon zu rauben.
Du standest einsam. – Starres Machtgebot
Ließ von der Armut Ohnmacht dich verkümmern.
Als Trugbild wies man dir das Morgenrot
Des Eigenstaates auf der Vorzeit Trümmern
Trotz in den Augen wichst du der Gewalt,
der Einheitswille aber wuchs im Volke,
Wie auf den Bergen sich zusammenballt
Mit dumpfen Grollen die Gewitterwolke.
Wo ist der Führer, der dem deutschen Land
Die Wirren der Geschichte kundig deutet,
Wo ist der Meister, der mit starker Hand
Am deutschen Dom die Einheitsglocken läutet?

Wo ist der Sturmherr, der die Grenzen sprengt
Zum Reich und zu der grünen Donau Auen,
Wo ist der Mann, der nur das eine denkt:
Die Heimat frei und Deutschland groß zu schauen?
Des deutschen Volkes Sehnen ist erfüllt,
Zum Mutterherzen hat das Kind gefunden.
Germania, dein Standbild ist enthüllt;
E i n Bildner schuf das Werk in wenig Stunden.
Entfesselt ist der Knechtschaft harte Frohn.
Wer hat den Retter seinem Volk gesendet?
Deutschlands und Oesterreichs getreuester Sohn
Hat seines Lebens größte Tat vollendet.

»Ehrenmänner mit dem Hakenkreuz«!

»Die Freude anlässlich der Wiedervereinigung der Ostmark mit dem Deutschen Reiche« hatte auch Karl Theilig aus Wittenberg am 4. April 1938 bewogen, Hitler eine Hymne zu widmen.[12] Er bot Goebbels' Ministerium großzügig an, sein weitgehend aus Propagandafloskeln zusammengereimtes Machwerk »zur Wahlpropaganda zu benutzen und in einigen großen Zeitungen zu veröffentlichen«. Gleichzeitig bat er, nicht unbescheiden, um »ein Exemplar von 1 oder 2 Zeitungen, in denen das Gedicht erscheint«:

Ein Volk, ein Reich, ein Führer,
Ein riesenstarkes Reich,
Ein Volk der Deutschen Brüder,
Das heil'ge Deutsche Reich!
Das Brudervolk der Deutschen,
Vereint für alle Zeit,
In Einheit, Kraft und Willen

Zum Einsatz stets bereit
Für Führer, Volk und Ehre,
Für Freiheit, Recht und Brot.
Großdeutschlands Volk und Wehre
Beschirmt der Herre Gott!

Heinrich Hümke, von dem weiter nichts bekannt ist, gehörte zu denen, die das Propagandaministerium mit einer wahren Flut von Elogen auf Hitler überschütteten. Von ihm stammt das »Lied der Machtergreifung«[13], das – wäre es nach dem Autor gegangen – nach der allseits beliebten Melodie »Deutschland über alles« hätte gesungen werden sollen. Gewidmet war dieses unerträgliche Machwerk der SA, der SS und dem Nationalsozialistischen Kraftfahrer Korps (NSKK):

Deutsche Männer, deutsche Frauen,
Denkt an jene Zeit zurück,
Welche ehrlos und entrechtet
Das war Deutschlands Politik.
Doch es kamen Ehrenmänner
Mit dem Hakenkreuz voran. –
Adolf Hitler – Deutschlands Retter –
Gab uns Ehre, Freiheit dann.
Deutschland! Du warst vor dem Weltkrieg,
Über alles in der Welt, –
Politik und Volksverführer
Raubten deutsche Ehr' und Land.
Arbeitslosigkeit und Elend,
Deutsches Volk litt große Not
Adolf Hitler – Deutschlands Retter –
Gab dem Volke Arbeit, Brot. –

Deutsches Volk, du bist erwachet. –
Männer haben dich befreit
Mit des Menschen geist'gen Waffen,
Aus dem Elend, Zank und Streit. –
Deutsches Volk, dir gab die Freiheit
Für alle Zukunft, immerfort,
Adolf Hitler, Deutschlands Retter –
Unser Führer, unser Hort.

Hitler und seine Gefolgsleute als »Ehrenmänner« zu bezeichnen, war – insbesondere im Jahr 1938 – nicht mehr als dichterische Freiheit, richtiger: dichterische Lüge. Wieder einmal zeigt sich, dass die Anhänger Hitlers in ihrer Begeisterung die negativen Aspekte der NS-Herrschaft – wie den Bruch internationaler Verträge, die Zerschlagung jeglicher Opposition oder die Judenverfolgung – entweder ignorierten oder gar positiv wahrnahmen. »Ehre« und »Freiheit«, »Arbeit und Brot«, »Befreiung aus Zank und Streit« – auch so konnte man sich die Diktatur schön schreiben.

Gleichzeitig mit der Volksabstimmung über die Wiedervereinigung Österreichs mit dem Deutschen Reich hatte Hitler für den 10. April 1938 eine Schein-Wahl zum Großdeutschen Reichstag angesetzt. Dies war Anlass für Wilhelm Rieck aus Berlin-Grünau, zur Feder zu greifen und das Gedicht »Zur Wahl« zu verfassen. Wie bei so vielen seiner Zeitgenossen standen für ihn Hitlers Hinwegfegen der Versailler Verträge und die vermeintliche Beseitigung der Arbeitslosigkeit im Vordergrund:

Du deutsches Volk, Du sollst nun wählen!
Denkst du zurück vergangner Zeit –

Wie wir gezwungen, Schuld zu zahlen
Hinein in alle Ewigkeit.
Denk doch zurück an all' die Sorgen,
Ja, denk zurück an Deine Not!
Wenn Du erwachtest früh am Morgen –
Du hattest nicht Arbeit und nicht Brot.
Das Deutsche Reich, es lag in Trümmern,
Wer hat es frei und groß gemacht?
Wer tat um deine Not sich kümmern,
Wer hat die große Tat vollbracht?
Dein Führer, der ist es gewesen,
Ein Dank soll unsere Wahl nun sein!
Heil Hitler! Dich, nur dich wir wählen
Wir wär'n nicht wert sonst, deutsch zu sein!

Der Wahlkampf war es auch, der Bogislav Graf von Schwerin, ein NSDAP-Mitglied aus Hannover, dazu bewegte, am 25. März 1938 dem Reichspropagandaministerium ein Gedicht zu übersenden, in dem er versuchte, »die Gefühle, die alle deutschen Herzen in dieser einzigartigen Glanzzeit deutscher Geschichte erfüllen, in einigen Strophen zu ›verdichten‹«.

Ich erlaube mir, Ihnen, sehr verehrter Herr Reichsminister, dieses
Gedicht in der Anlage zu unterbreiten, da es mir nicht ausge-
schlossen erscheint, daß Sie es in irgendeiner Weise propagan-
distisch verwerten könnten. Mir selber ist dies nicht möglich,
abgesehen davon, daß man als Dichter über den Wert seiner
Dichtung kaum ein objektives Urteil haben kann. Ich bin mir
natürlich bewußt, daß es unmöglich ist, die ganze Größe der
Persönlichkeit unseres Führers und die Bedeutung seines Werkes
in ein paar kurzen Versen zusammenzufassen; dennoch hoffe ich,

das Wesentlichste für die im deutschen Volk herrschende und nach Möglichkeit noch zu steigernde Stimmung herausgegriffen und in eine einfache und doch ausdrucksvolle Form gebracht zu haben. Jedenfalls würde es mir zur ganz besonderen Freude und Ehre gereichen, wenn ich durch eine Verwertung dieses Gedichtes zu der umfassenden und gewaltigen Arbeit der Vorbereitung, Klärung und Festigung der Volksmeinung und Volksstimmung einen ganz bescheidenen Bruchteil beitragen zu können.«

Das beigefügte Gedicht des Hannoveraner Nationalsozialisten hieß »Heil, Führer, Dir!«:

Heil Dir, der Deutschen Führer!
Dir, Adolf Hitler, Heil!
Wo immer Du der Führer,
Ist uns kein Weg zu steil.

Einst schwach und frech betrogen
Um Freiheit, Brot und Recht,
Jetzt stark, von Dir erzogen
Zum trotzigen Geschlecht,

Die Deutschen Dir vertrauen;
Denn Du bist wahr und schlicht.
Du hast aus Nacht und Grauen
Uns hochgeführt zum Licht.

Du hast den Weg gewiesen
Aus Ohnmacht, Schmach und Leid.
Drum, Führer, sei gepriesen!
Wir steh'n zu Dir allzeit.

Dem Retter, uns geboren
In tiefster Volkesnot,
Dem bleiben wir verschworen
Auf Leben und auf Tod. –

Der Deutschen altes Sehnen:
Ein Volk – ein Reich – ein Raum –
Ohn' Leid und ohne Tränen
Erfüllte sich der Traum:

Du kamst als Friedensbringer –
Kein and'rer kam Dir gleich –
Und schufst – ein Herzbezwinger –
Das heil'ge deutsche Reich!

»Ein Volk – ein Reich – ein Führer« –
Durch Dich ward's uns zuteil.
Heil Dir, der Deutschen Führer!
Dir, Adolf Hitler, Heil!

Hass in Versform

Nach der Annexion Österreichs betrieb Hitler im Herbst 1938 ein weiteres Mal ein außenpolitisch gefährliches Spiel, indem er – wie es im NS-Jargon hieß –, die »Abtretung der sudetendeutschen Gebiete« von der Tschechoslowakei verlangte. Tag für Tag wurden Meldungen verbreitet, nach denen die »tschechische Soldateska« Hunderte Deutsche getötet und Tausende verletzt habe. Über 250 000 Sudetendeutsche hätten aus ihrer angestammten Heimat flüchten müssen. Am 17. September 1938 ordnete Konrad Henlein, Hitlers Statthalter im Sudetenland, die Bildung eines »Sudetendeutschen Freikorps« an, und

Auch der Einmarsch deutscher Truppen in der Tschechoslowakei wurde von vielen Deutschen bejubelt – wie hier im Ort Asch.

nach Gesprächen mit Großbritanniens Premierminister Neville Chamberlain kündigte Hitler am 26. September 1938 im Berliner Sportpalast – gerade einmal sechs Monate nach dem Einmarsch in Österreich – den nächsten Überfall auf ein kleines europäisches Land an: »Es ist die letzte territoriale Forderung, die ich in Europa zu stellen habe, aber es ist die Forderung, von der ich nicht abgehe!«, log Hitler und drohte dem tschechoslowakischen Präsidenten Eduard Benesch, »er werde entweder dieses Angebot jetzt akzeptieren und den Deutschen endlich die Freiheit geben – oder wir werden diese Freiheit uns jetzt holen«. Drei Tage später wurde das sogenannte Münchner Abkommen unterzeichnet, mit dem Chamberlain und der französische Regierungschef Edouard Daladier hofften, den Ausbruch eines Krieges verhindern zu können. Damit hatte Hitler freie Hand, die Tschechoslowakei zu zerschlagen.

Auch dieses Ereignis war für viele Deutsche Anlass, Hitlers aggressive Politik zu preisen und Hass zu säen, so wie der 22-jährige »Parteigenosse« und Scharführer der Hitlerjugend Hans-Georg Schnitzer:

Hoch verehrter Herr Reichsminister!
Nie habe ich mir eingebildet, ein Dichter zu sein, und ich will auch jetzt keiner werden. Wenn ich mir gestatte, Ihnen hiermit trotzdem ein Gedicht zuzusenden, dann geschieht es lediglich deshalb, weil es spontan niedergeschrieben wurde und ich glaube, dass es als winziger Bestandteil zu der Dokumentensammlung gelegt werden kann, die einmal davon Zeugnis ablegen soll, wie weit das tschechisch-bolschewistische Mordgesindel unser Volk in den Tagen gereizt hat, die nun dank der überragenden Friedenstat des Führers zu einem guten Ende auf friedlichem Wege geführt haben.
Diese Verse habe ich niedergeschrieben, als ich die Rede des Führers vom 26. September 1938 inmitten von aus ihrer Heimat vertriebenen sudetendeutschen Brüdern und Schwestern gehört hatte. Sie sollten mein letzter Beitrag für die Zeitung sein, deren Schriftleitung ich als Schriftleiter in Ausbildung angehöre, bevor ich – wenn es dazu kommen sollte – am Mobilmachungstage zu den Waffen eilte. Unser geliebter Führer hat dafür gesorgt, dass wir das Recht nicht mit der Waffe herzustellen brauchten, so dass diese Verse eigentlich nur noch Papierkorbwert haben. Dorthin bitte ich sie befördern zu lassen, falls Sie, sehr verehrter Herr Reichsminister, keine Verwendung in dem oben von mir angedeuteten Sinn dafür haben. In diesem Fall bitte ich Sie vielmals um Verzeihung, Ihre wertvolle Zeit in Anspruch genommen zu haben.
Heil Hitler! (…)

Schluss jetzt!

Haltet die tschechischen Räuber jetzt an!
Schluss jetzt mit Meucheln und Quälen und Knechten!
Vorwärts, wir wollen jetzt rächen und rechten,
Was sie den Brüdern und Schwestern getan!

Jagt sie zu Haufen, die feigen Hussiten[14]!
Machet dem roten entmenschten Geschmeiß
Mit unseren Waffen den Boden nur heiß,
Dann hat das Pack dort am längsten gestritten!

Stürmet gen Prag und verjagt die Verbrecher,
Zerrt ihre zitternden Fratzen ans Licht!
Eher erhalten den Frieden wir nicht,
Bis sie erblicken die Waffen der Rächer!

»Wir folgen dir blind!«

Loblieder auf die Mörderbande

Viele der an Hitler und Goebbels gesandten »Gedichte« verherrlichten nationalsozialistische Organisationen, über deren verbrecherischen Charakter großzügig der Mantel des Schweigens gelegt wurde. Dazu gehörte bis zur »Machtergreifung« der Nationalsozialisten vor allem die SA, die nach dem sogenannten »Röhm- Putsch« von 1934 allerdings an Bedeutung und Einfluss verlor. Diese illegale Privatarmee Hitlers – als Braunhemden verschrien – wurde anfangs vom ehemaligen Reichswehr-Hauptmann Ernst Röhm geführt und war angesichts ihres brutalen Vorgehens gegen Kommunisten und andere Teile der Bevölkerung gefürchtet. Sie war es auch, die bereits Anfang 1933 die ersten illegalen »Konzentrationslager« und Folterkammern in Kellern oder stillgelegten Fabriken einrichtete.

Der produktivste unter den dichtenden SA-Verherrlichern war wohl Heinrich Anacker, dem dafür später der Ehrentitel »Dichter der Bewegung« verliehen wurde.[1] Der Schweizer Fabrikantensohn war bereits 1924 als Student in Wien der SA und der NSDAP beigetreten, seit 1928 lebte er in Deutschland, wo er mit diversen Preisen bedacht und 1935 zum Reichskultursenator ernannt wurde. Anacker gehörte zu den berufsmäßigen Claqueuren des NS-Regimes, dessen Gedichte auch in Buchform veröffentlicht wurden. Er verfasste – neben einem guten Dutzend Gedichtbänden – viele der Marschlieder, die in der Hitler-Jugend und anderen NS-Organisationen gesungen wurden, beispielsweise »Braun ist unser Kampfgewand«, »Englands Stunde hat geschlagen« oder »Die Fackel geht von Hand zu Hand«. Zu Anackers zweifelhaftem Nachlass gehören auch die nachfolgenden Verse aus dem Jahr 1928, die er dem »hochverehrten Herrn Hitler und Ihrer tapferen SA (…) im unerschütterlichen Glauben an den kommenden Sieg« gewidmet hatte. »Ich grüße dich, du braune Schar« hatte Anacker eine Sammlung von »20 nationalsozialistischen Kampflieder[n]« überschrieben. Die folgenden Zeilen, »Für's heilige Dritte Reich« überschrieben, wurden als maschinengeschriebenes Manuskript im Propagandaministerium archiviert.[2]

Zerreißt das Netz der Lüge,
Das unser Volk umspannt!
Kein fremder Wicht betrüge
fortan das Vaterland!
Ganz Deutschland soll's erfahren:
Kein Bannfluch macht uns weich –
Wir sind die Kämpferscharen
Für's heilige Dritte Reich.

Schmarotzer flieh'n wie Motten
vor unserm derben Schlag.
Sie völlig auszurotten
Naht unser Siegestag.
Ganz Deutschland soll's erfahren:
Kein Bannfluch macht uns weich –
Wir sind die Kämpferscharen
Für's heilige Dritte Reich.

Wir kämpfen, treu vereinigt,
Bis eichenlaubumkränzt,

> *Von allem Schmutz gereinigt,*
> *Das deutche Haus erglänzt.*
> *Ganz Deutschland soll's erfahren:*
> *Kein Bannfluch macht uns weich –*
> *Wir sind die Kämpferscharen*
> *Für's heilige Dritte Reich.*

Ein weiterer Weihevers von Anacker unter dem Titel »Adolf Hitler spricht im Rundfunk« las sich folgendermaßen:[3]

> *Wir folgen dir blind und in stürmischem Drang,*
> *Nun braust von den Alpen zum Meer unser Sang.*
> *Wir lachen der Sorgen,*
> *Wir lachen der Not:*
> *Heil Hitler, dem Führer zu Freiheit und Brot.*

Aber auch »einfache« SA-Mitglieder verfassten gereimte Lobeshymnen auf ihre Organisation, so etwa Hans Bendig, Sanitätsrottenführer der SA-Brigade 12:[4]

> *Hörst Du den Tritt der Marschkolonnen?*
> *Sie haben Deutschland wiedergewonnen.*
> *Sie sind Seite an Seite vorwärts marschiert.*
> *Sie haben die Fahne Hitlers vorangeführt.*
> *Sie haben gekämpft mit all ihrer Kraft.*
> *Rote Mörderhand hat sie dahingerafft.*

> *Siehst du den Posten dort auf der Wacht?*
> *Er hat gestanden in jener Schlacht,*
> *Er war Tag und Nacht einsatzbereit,*
> *Er hat Deutschland vom Juden befreit.*

Er hat die Straße freigemacht,
vom roten Gesindel, das ihn verlacht.

Fühlst Du den Geist, der dich beseelt?
Horst Wessels Kampf war nicht verfehlt!
Er hat geopfert das irdische Leben.
Er hat sein Blut für Deutschland gegeben.
Wir wollen die Fahnen in Trauer senken
Und heute unserer Toten gedenken.

Mit Horst Wessel berief sich Bendig hier auf einen Berliner SA-Mann, der nach seiner Ermordung im Februar 1930 zum fast kultisch verehrten Märtyrer stilisiert worden war. Das von Wessel getextete Lied »Die Fahnen hoch« wurde zur NS-Parteihymne erhoben, der Berliner Bezirk Friedrichshain wurde in Horst-Wessel-Stadt umbenannt.

Ob Adolf Breitkopf, der sich als »Parteigenosse« – und damit als Mitglied der NSDAP – zu erkennen gab, ebenfalls der SA angehörte, ist nicht bekannt. Er widmete der Mörderbande das Gedicht »Deutschland erwache!«, in dem er sich zu der Forderung verstieg, alle Deutschen sollten SA-Männer werden:[5]

Deutschland, ich rufe dich, erwache!
Der S.A. Mann steht schon Wache.
Stell dich ihm zur Seite
Auf dass dein Blick sich weite.

Wir wollen sein ein einig Volk von Brüdern,
In Not vereint, frei von Juden, Lumpen, Schiebern u. Betrügern,
Auf dass man uns die Ehre zollt.
Wenn wir auch arm und ohne Gold.

Nur selten gaben sich die Schläger der SA so gesittet wie auf diesem Propaganda-Foto, das 1934 im KZ Sachsenhausen aufgenommen wurde.

Wer seine Ehre gibt aufs Spiel,
Von dem hält man nicht mehr viel.
Wir aber halten Deutsche Ehre hoch,
Trotz aller Verleumdung noch und noch.

Das muss in Deutschland wieder anders werden,
Alle müssen S.A. Männer werden.
Heil Hitler! Töne es jauchzend himmelwärts,
Dann geht's mit uns auch wieder aufwärts.

Erwies sich »Pg. Breitkopf« schon bei der Wahl des Titels »Deutschland erwache!« – einer bekannten NSDAP-Parole – als wenig kreativ, so bediente er sich im Text seines holprigen Poems unter anderem bei Friedrich Schiller, einem Vorbild, dem er allerdings in keiner Weise gewachsen war. Den Rütlischwur aus Schillers »Wilhelm Tell« kannte er wahrscheinlich noch aus der Schule: »Wir wollen sein ein einzig Volk von Brüdern, / in keiner Not uns trennen und Gefahr. / Wir wollen frei sein, wie die Väter waren, / eher den Tod, als in der Knechtschaft leben.«

Es versteht nahezu sich von selbst, dass auch der von Heinrich Himmler geführten SS, bis 1934 eine Gliederung der SA, Gedichte und Lieder gewidmet wurden, so wie dieses »Marschlied der SS«, das auf die Melodie von »Wohlauf, die Luft geht frisch und frei!« gesungen werden sollte:[6]

Frischauf Genossen, seid zur Hand die ihr Feldgrau getragen!
Es gilt den Kampf fürs Vaterland – wir woll'n uns tapfer
    schlagen!
Nehmt in die Faust das deutsche Schwert – zeigt, dass Ihr noch
    der Ahnen wert!
Wenn's deutsche Volk sich einig schlug – ward es noch nie
    bezwungen!
Heil und Sieg, Marsch Hurra!
Ward es noch nie bezwungen!

Seid einig drum, der Ruf ertönt – lasst ihn nicht leer verhallen,
Den Tapfern nur der Lorbeer krönt – wir siegen oder fallen!
Die Welt uns zu vernichten droht – Drum hisst die Flagge
    »Schwarz-Weiß-Rot«
Sie soll auf heil'gem deutschen Plan – das Volk zur Freiheit
    führen!
Heil und Sieg, Marsch Hurra!
Das Volk zur Freiheit führen!

Das Hakenkreuz sei unser Schutz – das wir im Banner führen,
In rotem Rand auf weißem Feld – wird's unsere Kämpfer zieren.

Wir woll'n ein Volk von Brüdern sein – die Heimat von dem
   Feind befrei'n.
Und wenn die Welt von Teufel wär – es soll und muss gelingen.
Heil und Sieg, Marsch Hurra!
Es soll und muss gelingen!

Drum deutscher Mann, tu' Deine Pflicht – frischauf zum
   Freiheitsstreite.
Durch Not und Tod, durch Nacht zum Licht – der Schlachtruf
   uns begleite.
Soll unser Deutschland untergeh'n – muss erst die Welt in
   Flammen steh'n.
Soll es denn sein? Herrgott es muss. »Furor Teutonicus!«
Heil und Sieg, Marsch Hurra!
»Furor Teutonicus!«

»Wir woll'n ein Volk von Brüdern sein« – auch hier bediente sich der Autor bedenkenlos bei Friedrich Schiller. Die Zeile »Und wenn die Welt von Teufel wär – es soll und muss gelingen« ist dagegen dem von Martin Luther 1529 geschriebenen Kirchenlied »Ein feste Burg ist unser Gott« entlehnt: »Und wenn die Welt voll Teufel wär / und wollt uns gar verschlingen, / so fürchten wir uns nicht so sehr, / es soll uns doch gelingen.« Der Ausdruck »Furor teutonicus« schließlich geht auf den römischen Dichter Marcus Annaeus Lucanus zurück, der damit die vermeintlich mitleidlose und brutale Raserei der Germanen in der Schlacht kennzeichnete. Der Verweis auf diesen, ursprünglich keineswegs positiv geprägten Begriff sollte wohl den »Feinden Deutschlands« und speziell Hitlers so viel Furcht einflößen, wie einst die Römer vor den Germanen empfanden. An das vermeintlich germanische Erbe sollte auch die Frage erinnern, ob man noch der »Ahnen wert« sei. Hier schimmert das Denken des SS-Führers Heinrich Himmler durch, der einen Ahnenkult ohnegleichen betrieb und in diesem Zusammenhang auch die Forschungs- und Lehreinrichtung »Ahnenerbe« geschaffen hatte.[7]

Ein gewisser Franziskus sandte 1933 das Gedicht »SS. – Die schwarze Schar«[8] ein, das auf die Melodie von »Im Frankenland marschieren wir…« gesungen werden sollte:

> Wir sind des Führers schwarze Schar;
> Ihm treu ergeben immerdar.
> Und wenn sein Ruf an uns ergeht;
> SS. auf ihrem Posten steht.
> Wir sind des Landes Schirm und Schutz
> Und bieten unseren Feinden Trutz;
> Wir wanken und wir weichen nicht
> Und schau'n dem Tode ins Gesicht.
> Der deutsche Aar fliegt stolz empor,
>
> Wir sind geeint wie nie zuvor;
> Gerächt ist all die Schmach und Schand'
> Und frei ist unser Vaterland.
> SS. marschiert mit festem Schritt;
> Wir fürchten Tod und Teufel nit;
> Und schrecken nicht vor der Gefahr;
> Sind ja des Führers schwarze Schar.

Gleich eine Vielzahl von NS-»Errungenschaften« rührte Nikolaus Kahlke zu einer Lobeshymne auf Hitler zusammen, »Braune Schar«, »Arbeitsdienst«, »Kameradenbrust« und »gesprengte Ketten« waren einige der Schlüsselwörter, die der Kriegsteilnehmer und Rentenempfänger« am 7. April 1935 Goebbels geschickt hatte, verbunden mit der Bitte, das Gedicht an Hitler weiterzuleiten.[9] Der habe im Ersten Weltkrieg sein Leben eingesetzt und einen Damm gegen die »rote Flut« errichtet. Der liebe Gott möge den »Führer« noch recht lange gesund und frisch erhalten in seinem schweren Amte« bat Kahlke, um dann anzuregen, folgenden Text nach der Melodie »Heil Dir im Siegerkranz« zu singen:

Heil dir, o Friedensfürst,
weil du den Frieden willst.
Heil Führer dir.
An Lieb im Herzen reich,
Schufst du das Dritte Reich.
Darum folgen alle wir,
Heil Führer dir.

Mitten in Kampf und Not,
Gar in der Nähe Tod.
Heil Führer dir.
Keimte in dir die Furcht
In deiner Kameradschaftsbrust.
Nach diesem Kriege gleich,
das Dritte Reich.

Ihr waret sieben Mann,
als ihr das Reich fingt an.
Heil Führer dir.
Daraus erwuchs die braune Schar,
es führte sie an unser Aar,

Von Süd und Norden her,
Für Deutschlands Ehr.

Nun folgt dir die braune Schar,
Wohin auch immerdar,
Zu Sieg und Tod.
Mit stolzer Kampfeslust,
Klingt tief in deiner Brust
Nur Deutschlands Wohl und Ehr,
Mit der allgemeinen Wehr.

Du schufst den Arbeitsdienst,
der unserem Volke dient,
Heil Führer dir.
Mit Hacke und Spaten zieh
Die jungen Leute hin.
Zur Arbeit mit Gesang
Die Straße lang.

Die Jugend auch jubelt dir zu,
Dir rufen alle zu,
Heil Führer dir.
Es ist eine Lust zu sehn,
Wie sie so stramm da stehn.
Es macht sie alle gleich,
Das Dritte Reich.

Die Ketten hast Du gesprengt,
welche uns der Feind umhängt,
Heil Führer dir.
Doch Juden reichst du die Hand,

Dem, der es redlich meint,
Mit Deutschlands Wohlergehen
Und Neuerstehen.

Die Vorsehung, die uns dich gab,
Erhalt dich uns noch viele Jahr.
Heil Führer dir.
Weil du nur für Deutschland lebst,
Und nicht nach Ehre strebst,
Folgen wir alle hier,
Heil Hitler dir.

Abgesehen davon, dass der Verfasser jegliche Dichtkunst ver-
missen ließ, ist doch wenigstens diese Anmerkung erforderlich:
Niemals hat Hitler den Juden die Hand gereicht, wie es Kahlke
suggeriert. Auch wenn 1935 – zum Zeitpunkt der Entstehung
des Gedichtes – der Massenmord an den Juden noch nicht be-
gonnen hatte, wurden sie doch bereits massiv verfolgt und Re-
pressalien ausgesetzt.

Für die NS-Jugendorganisationen Deutsches Jungvolk und
Bund Deutscher Mädel (BdM) warb Lisbeth Grothe aus Neu-
hardenberg, deren Alter nicht überliefert ist. Sie schickte Propagandaminister Goebbels am 21. März 1937 die folgenden
»Gedanken eines Pimpfes«, in denen »Gemeinschaftsgeist« und
»frohes Manöverspiel« gepriesen wurden:

Seit unser Führer an der Macht,
seit deutsche Ehre ist erwacht
möcht ich nicht fehlen in den Reih'n
und trat ins »Deutsche Jungvolk« ein.

Da hab als Pimpf ich erst erkannt,
wie schön mein deutsches Vaterland!
Wie Pimpf zu Pimpf ist Kamerad!
Ein jeder Junge in der Tat
hat die Gemeinschaft liebgewonnen,
so oft er ist zum Dienst gekommen.

Ein fröhliches Geländespiel,
ein ebenso frohes Manöverspiel,
ein Lager unter vielen Zelten
sind deutscher Jugend schönste Welten!
Und freudig dies ich auch bekenn,
genauso schön der B.d.M.!

Kein deutsches Mädel darf drin fehlen,
darf nicht mehr unter Klassen wählen.
Nur Stellung zum Gemeinschaftsgeist
Das treue deutsche Herz beweist.

Drum, deutsche Eltern, nun liegt klar,
wie selbstverständlich jedes Jahr
Dein Kind, ob Jung', ob Mädelein
Muss, wenn 10 Jahr ist, treten ein!
Zum 20.4. des Führers Geschenk,
das deutsche Eltern sind eingedenk.

Beim Deutschen Jungvolk handelte es sich um eine Unterorganisation der Hitler-Jugend, in der Jungen zwischen 10 und 14 Jahren indoktriniert und vormilitärisch ausgebildet wurden. Im allgemeinen Sprachgebrauch hatte sich der Name »Pimpf« für seine Mitglieder durchgesetzt. Weibliches Gegenstück war der

Jungmädelbund als Teil des BdM. Der von Lisbeth Grothe so beredt beworbene Eintritt in diese Organisation wurde 1936 für alle weiblichen Jugendlichen obligatorisch – entsprechend war der BdM 1944 mit 4,5 Millionen Mitgliedern die damals zahlenmäßig größte weibliche Jugendorganisation der Welt.

Aber auch kleine, lokal begrenzte Organisationen wie die Heidelberger Ortsgruppe des »Schlageterbundes« wurden in Hymnen besungen, so in dem folgenden »Hitler-Lied« von Karlo Glaser, das auf die Melodie eines »Seeräuberlieds« gesungen werden sollte:[10]

Wir haben Dir, Hitler, die Treue gelobt,
wir halten sie Dir bis zum Tod!
Ganz Deutschland im inneren Kampf loht
Die Einheit des Reich's ist bedroht.
Da der Feinde Hass uns vernichten will,
Und zum letzten Kampfe zielt,
Kommt das Kreuz auf weißem Feld
Und leuchtet hinaus in die Welt
Heil Hakenkreuz, heil schwarz-weiß-rot,
Dir Adolf Hitler folgen wir bis zum Tod.
Das deutsche Volk, das zum Tode wund
Sein eisernes Schicksal erträgt,
Vernahm zuerst aus Deinem Mund
Großdeutschlands neuen Weg
Wir vertrauen auf Dich, unser Glaube gilt Dir,
Wir kämpfen fürs Hakenkreuz
Und in der Zukunft Morgenschein,
geht es im Kampfe hinüber zum Rhein
Heil Hakenkreuz usw.
Es flattern die Fahnen schwarz-weiß-rot,

»Heil Hakenkreuz!«: Mythische Verklärung war eines der Kennzeichen des National-sozialismus – das Bild zeigt die sogenannte Blutfahne, die erst durch Hitler »geweiht« wurde.

Es leuchtet das Hakenkreuz
Mein Volk erfasse die tiefe Not
Und fühle die heilige Zeit.
Rührt die Trommeln im Land,
nehmt die Waffen zur Hand,
Rafft auf Euch zum letzten Sturm.
Adolf Hitler führt unsere Reih'n
In eine bessere Zukunft hinein
Heil Hakenkreuz usw.

Der Schlageterbund war eine in den 1920er-Jahren gegründete Ersatzorganisation für die vorübergehend verbotene SA. Benannt war sie nach dem Ruhrkampf-Aktivisten Albert Leo Schlageter, der wegen Spionage und mehrerer Sprengstoffanschläge von einem französischen Militärgericht zum Tode verurteilt und am 26. Mai 1923 hingerichtet worden war. Die nationalsozialistische Propaganda verherrlichte Schlageter später als den »ersten Soldaten des Dritten Reiches« und begründete einen regelrechten Schlageter-Kult.

»Juden hinaus!«

Gedichte als Medium des Antisemitismus

Mit seinem ausgeprägten Antisemitismus stand Hitler in der ersten Hälfte des zwanzigsten Jahrhunderts keinesfalls allein. Im Gegenteil: Die Abneigung gegen, ja der Hass auf alles Jüdische und »Fremdvölkische« entsprach durchaus dem Zeitgeist – die Radikalität allerdings, mit der die Nationalsozialisten ihren Antisemitismus in die Tat umsetzten, war beispiellos. Für Hitler war der arische Mensch, den er übrigens nie exakt definiert hatte, der »Kulturbegründer« überhaupt. Die Ideologie des Nationalsozialismus sah im »Arier« eine rein germanische »Herrenrasse«, die allen anderen Rassen und Völkern überlegen und zu ihrer Beherrschung auserkoren war. Damit wurden zwei von Hitlers wichtigsten Zielen ideologisch begründet: die Verfolgung und Ausmerzung der Juden und die militärische Unterwerfung der slawischen Nachbarländer.

Der Begriff Antisemitismus war bereits Ende des 19. Jahrhunderts entstanden.[1] Politischen Einfluss erlangten die in verschiedene Parteien und Gruppierungen zersplitterten Antisemiten im Kaiserreich zunächst noch nicht. Dennoch trugen sie zur Verbreitung antijüdischer Stereotype bei, die nach dem verlorenen Ersten Weltkrieg schnell an Bedeutung gewannen: Nicht nur die Nationalsozialisten verbreiteten die Legende, »die Juden« seien Drückeberger und hätten sich als Kriegsgewinnler an der Not des Vaterlandes bereichert.

Hitlers wahnhafte Furcht vor einer jüdisch-bolschewistischen Weltverschwörung, die durch eine »Lösung der Judenfrage« abgewendet werden sollte, fielen bei einem von Existenzängsten und wirtschaftlicher Not geplagten Publikum auf fruchtbaren Boden. In diesem vergifteten Klima entstanden dann auch »Gedichte« wie das folgende aus dem Jahr 1921. Die Stereotypen von der »jüdischen Drückebergerei« und den Juden als »Halsabschneider, Wucherer und Schacherer« finden sich darin unter dem Titel »Der erkannte Rattenfänger« ungeschminkt wieder:[2]

Wandern, ach wandern musst Du jetzt wohl,
Du, mein lieb's Jüdche, dein Maß ist jetzt voll,
Weiter, nur weiter, hinaus aus dem Land,
Du bist als Gauner uns allen bekannt.
Du kennest nicht Sorgen, nicht Kummer und Plag',
Dich rührt nicht die Not, der Elenden Klag'
Du pressest die Armen wie 'ne Citron',
Und nimmst ihm das Letzte, beraubst Vater und Sohn!
Ein ew'ger Jude, von allen bekannt,
Ein Halsabschneider, bist Du von Stand!
Wuchern und Schachern von früh bis spät,
Und überall ernten, wo du nicht gesät;
Ob mein oder Dein unterscheidest du nit,
Die Hauptsache ist dir stets der Profit!
Du füllst dir den Beutel, du füllst dir den Bauch,
und raffen und prassen, das ist bei dir Brauch;
Ob Tausende hungern, das lässt dich kalt,
Du gieriger Vampir in Menschengestalt!
Fahr in die Hölle! Dort wartet bereits
Dein Bruder, der Teufel! Eine glückliche Reis'!
Bald Fürstendiener, bald Bolschewist,
Bald Mohammedaner, und bald ein Christ,

als Volksverführer lügst du wie gedruckt,
bis dessen Groschen du hast geschluckt.
Doch pfeifen die Kugeln, drückst du dich schnell,
Zu wertvoll erscheint dir dein erbärmliches Fell.
Als schamloser Hetzer im deutschen Land
Und elender Feigling bist du bekannt.
Du hast im Weltkrieg, den du hast entfacht,
Geschoben in Massen, 's G'schäftle gemacht!
Im Schützengraben fand man dich nicht,
Da warst du herzkrank und hattest die Gicht!
Doch in der Etappe im Café und Bar
Da warst du ein Held, ein Maulheld sogar!
Auf dem Rückzug der Erste, da warst du parat
Und ließest dich wählen in den Soldatenrat!
Dann machtest du behende »in Revolution«
zu daitschen Ministern »Hirsch, Elsner und Kohn«.

Nicht minder hasserfüllt zeigte sich Ernst Boepple aus München. Er hatte sogar eine Postkarte mit dem antisemitischen Hetz-Gedicht »Hinaus!« drucken lassen, die er für 30 Pfennig das Stück verkaufte. Geschäftstüchtig war er immerhin: Bei Abnahme von 1000 Stück gewährte er einen Rabatt von über 30 Prozent.[3]

Burschen heraus!
Lasset es schallen von Haus zu Haus!
Quelle deutscher Schmach und Not,
Deutschlands Sturz in Hohn und Spott,
Deutsche Jugend denk daran:
Israel hat es getan:
Juden hinaus!

Widerliches Machwerk. Die Nationalsozialisten nutzten jedes Mittel der Verunglimpfung, um antisemitische Ressentiments zu schüren.

Juden hinaus!
Lasset es schallen von Haus zu Haus!
Fremder Rasse fremdes Blut
Saugt und zehrt am deutschen Gut.
Feindessieg und Feindeshohn,
Judensieg um Judaslohn:
Juden hinaus!

Juden hinaus!
Lasset es schallen von Haus zu Haus!
An des Volkes Hungersnot
An des Armen trocken Brot,
An der Ärmsten letztem Stück
Macht der Jude Geld und Glück:
Juden hinaus!

Juden hinaus!
Lasset es schallen von Haus zu Haus!
Letzter Mahnung letztes Wort
Lebe auf und wirke fort!
Deutsche Hand, nun werde Faust,
daß der Freiheitsruf erbraust:
Juden hinaus!

Als letztes dieser widerwärtigen Machwerke, die zu ihrer Zeit jedoch das Denken Vieler widerspiegelten, soll der Hassgesang von G. Müller-Langenbruck aus Wien zum Nachdenken anregen. Der Titel lautet »Der Spion«:[4]

Handle! Handle! Schreit und schnarrt es durch die Gassen.
Zerlumptes Judenpack mit den Lumpensack

Schleicht sich träge faul und schlürfend fort.
Und der Deutsche will und kann es noch nicht fassen,
Dass in jeder Stunde stiehlt in seinen Sack
Der Jud' planmässig trümmernd deutschen Hort.

Handle! Handle! Bald in tiefen, bald in hohen Tönen
Brummt's und gellert's rauf zum letzten Stock.
Betend wünscht der Jude uns zu stehlen
Bücher, Leinen, Möbel unsern letzten Rock.

Handle! Handle! Hört die Frau des Hauses,
Schnell zusammensucht sie, rufend zu den Juden:
›Armer Mann, wie traurig ist Ihr Schicksal,
Nehmen sie die alten Kleider für ein Labsal!‹
Gierig steckt der Ibris seine langen Finger
Nach dem Bündel, steckt es schnell hinein,
Schielt mit seinen dunklen Diebesaugen
Nach dem Kasten, in die Fächer in den Schreib
Ob, nicht irgendwo und irgendwer was zu ergaunern,
Schneuzt dabei sich Tränen in die schmutzge Hand,
Lechzt mit gierig, geilen Blicken sinnestrunken
Nach der weißen Haut, dem blonden Haar, wetzt mit der Hand.
Kalter Hohn schaut aus dem Auge, die nach innen blicken,
Als der Jude sieht das Kreuz im Herrgottwinkel dort.
Spuckt verächtlich auf die Diele, nimmt das Bündel
Und gemählich schlürfend trottet sich der Ibris fort.

Noch im Stiegenhause schaut er, ob nicht alles fest
Und angeschraubt vor Diebeshänden sicher sei,
Schuhabputzer, Kleiderhaken, nasse Fetzen, Schrauben, Nägel,
Sackt er ein, Geräusche machend mit dem Handleschrei.

Der Spion.

(Müller-Langenbruck)

Handle! Handle! Schreit und schnarrt es
durch die Gassen.
Zerlumptes Judenpack mit dem Lumpensack
Schleicht sich träge faul und schlürfend fort.
Und der Deutsche will und kann es noch nicht
fassen,
Dass in jeder Stunde stiehlt in seinen Sack
Der Jud, planmässig trümmernd deutschen Hort.

Handle! Handle! Bald in tiefen, dann in
hohen Tönen
Brummt's und gellert's rauf zum letzten Stock.
Betend wünscht der Jude uns zu stehlen
Bücher, Leinen, Möbel unsern letzten R o c k.

Handle! Handle! Hört die Frau des Hauses,
Schnell zusammensucht sie, rufend zu den Juden:
"Armer Mann, wie traurig ist Ihr Schicksal,
Nehmen Sie die alten Kleider für ein Labsal!"
Gierig steckt der Ibris seine langen Finger
Nach dem Bündel, steckt es schnell hinein,
Schielt mit seinen dunklen Diebesaugen
Nach dem Kasten, in die Fächer in den Schrein
Ob, nicht irgendwo und irgendwie was zu ergau
nern,
Schneuzt dabei sich Tränen in die schmutzge Hand
Lechzt mit gierig, geilen Blicken sinnestrunken
Nach der weissen Haut, dem blonden Haar, wetzt
mit der Hand.

Ein weiteres Beispiel für das nationalsozialistische Zerrbild von den Juden.

Kalter Hohn schaut aus dem Auge,die nach
                            innen blicken,
Als der Jude sieht das Kreuz im Herrgottwinkel
                                        dort.
Spuckt verächtlich auf die Diele,nimmt das
                                    Bündel
Und gemählich schlürfend trottet sich der Ibris
                                    fort.

Noch im Stiegenhause schaut er,ob nicht
                            alles fest
Und angeschraubt vor Diebeshänden sicher sei,
Schuhabputzer,Kleiderhaken,nasse Fetzen,
                            Schrauben,Nägel,
Sackt er ein,Geräusche machend mit dem Handle-
                            schrei.

Deutsche Hausfrau! Mutter deutscher Kinder!
Beschmutze nie dein Heim mit diesen Judensünder!
Die Armut ist nur der Mantel,um zu raffen !
Das deutsche,weiche Herz soll sich erbarmen
Mit diesen von Tschandalenfaust geschickten
                                    Armen,
Damit der Deutsche Zorn nicht schreite zu der Ta
Täuscht man dir vor,den armen Jud im S t a a t !

Herausgeber,Verleger und Drucker:
G. Müller-Langenbruck Wien,.IX.Zimmermanng.17

Deutsche Hausfrau! Mutter deutscher Kinder!
Beschmutze nie Dein Heim mit diesen Judensünder!
Die Armut ist nur der Mantel, um zu raffen!
Das deutsche, weiche Herz soll sich erbarmen
Mit diesem von Tschandalenfaust[5] geschickten Armen,
Damit der deutsche Zorn nicht schreite zu der Tat,
Täuscht man Dir vor, den armen Jud im Staat!

Angesichts solch weit verbreiteter Hetze, die tagtäglich ähnlich auch in vielen Zeitungen zu lesen war, wird erklärlich – nicht: verständlich –, dass der Antisemitismus in der ersten Hälfte des 20. Jahrhunderts so viele offene und stillschweigende Anhänger gewinnen konnte. Am Ende stand bekanntlich die millionenfache Vertreibung und Ermordung von Juden aus ganz Europa.

»Ehrliche und gut gemeinte Verse«

Kontrolle durch die Reichsschrifttumskammer

Als Joseph Goebbels im März 1933 das neu geschaffene Ministerium für Propaganda und Volksaufklärung übernahm, machte er sich sofort daran, alles selbstständige kulturelle Leben zu eliminieren und die verbliebenen Erscheinungsformen zu reglementieren und in den Dienst von Staat und Partei zu stellen. Instrument zur Gleichschaltung und Steuerung des gesamten intellektuellen und künstlerischen Geschehens war die Reichskulturkammer, deren Gründung die Reichsregierung am 22. September 1933 beschlossen hatte. Am 15. November des gleichen Jahres wurde sie in Berlin von ihrem ersten Präsidenten, nämlich Goebbels selbst, eröffnet. Ihre Untergliederungen waren die Reichsschrifttumkammer, die Reichspressekammer, die Reichsrundfunkkammer, die Reichstheaterkammer, die Reichsmusikkammer, die Reichskammer der bildenden Künste und die Reichsfilmkammer. Jeder Kulturschaffende musste Mitglied einer dieser Kammern sein, um seinen Beruf ausüben zu dürfen.

Die Reichsschrifttumskammer war zwar für den gesamten Bereich der Literatur zuständig, doch hatte sie Konkurrenz in der Schrifttumsabteilung des Propagandaministeriums, in den für Aspekte der Literaturpolitik zuständigen Abteilungen des Reichsministeriums, den literaturpolitischen Kontrollstellen der Geheimen Staatspolizei (Gestapo) und des Sicherheitsdienstes der NSDAP sowie in den parteiamtlichen Schrifttumsstellen. Dazu zählten beispielsweise die Reichsstelle zur Förderung des deutschen Schrifttums, die Hauptstelle Schrifttumspflege beim Beauftragten des Führers für die Überwachung der gesamten geistigen und weltanschaulichen Schulung und Erziehung der NSDAP – Alfred Rosenberg –, aber auch die Parteiamtliche Prüfungskommission zum Schutze des nationalsozialistischen Schrifttums. Damit nicht genug: Mit Fragen der Literaturpolitik waren noch zahlreiche weitere Dienststellen der NSDAP-Reichsleitung befasst, darunter der Stab Stellvertreter des Führers, die Reichsorganisationsleitung der NSDAP und die Deutsche Arbeitsfront, der Reichsleiter für die Presse der NS-DAP und die Reichspropagandaleitung der NSDAP.

Im den Zuständigkeitsbereich der Schrifttumskammer fielen auch die Gedichte für Hitler. Im »Handbuch der Reichskulturkammer« hieß es, zu ihren Aufgaben gehöre es, den Berufsstand von »unerwünschten Elementen« und den Büchermarkt von »undeutschem Gut« rein zu halten. Über die Erfüllung dieser Aufgabe wachte zunächst der erste Präsident der Reichsschrifttumskammer, Hans Friedrich Blunck, dem 1935 der Schriftsteller Hanns Johst folgte.

Für die Zensur – auch der Lyrik – war die Abteilung VIII (Schrifttum) unter Leitung von Heinrich Wismann zuständig. Der Ministerialrat wurde allerdings im Oktober 1937 entlassen, da er verschwiegen hatte, bis 1934 mit einer »Halbjüdin« verheiratet gewesen zu sein. Dazu notierte Goebbels in seinem Tagebuch:[1] »Wismann hat unangenehme Geschichte. Erste Frau halbjüdisch. Mal sehen, ob er zu halten ist.« Ein paar Tage später war Wismanns Schicksal besiegelt:[2] »Um Wismann steht es schlecht. Er muss wohl gehen. Hat zu viele Fehler gemacht.«

Ihm folgte als Leiter der Abteilung Schrifttum Karlheinz Hederich, der aber schon 1938 nach internen Querelen ebenfalls abgelöst wurde. Sein Nachfolger war Alfred-Ingemar Berndt, den Goebbels im Jahr 1935 als »netten Jungen«[3] bezeichnet hat und ihm am 28. Januar 1939 bescheinigte: »Berndt bringt Leben in die Schrifttumsarbeit hinein. Er ist am Ende doch ein Kerl.«[4] Als Berndt 1941 als Ordonnanzoffizier des Generals Erwin Rommel nach Nordafrika versetzt wurde, übernahm die Leitung der Abteilung VIII der Jurist Wilhelm Haegert.

»Ein schlichter Mensch ringt mit seinen Gefühlen«

Aus Heinrich Wismanns Amtszeit ist ein aufschlussreiches Aktenkonvolut über die Begutachtung der Werke eines Laiendichters erhalten.[5] Der 31-jährige Arbeiter Gerhard Walter Zock aus Wildau hatte »dem Herrn Reichsminister Dr. Goebbels« am 14. Mai 1938 eine Sammlung von fast 100 Gedichten aus seiner Feder eingereicht, in der Hoffnung, dass das Manuskript, das den Titel »Deutschlands Wiedergeburt« trug, – mit einem Vorwort des Ministers versehen – als Buch erscheinen könne. Fast entschuldigend führte Zock in seinem Begleitbrief aus, aufgrund seiner sozialen Herkunft sei »die dichterische Sprache etwas hart – aber zeugt umso stärker von einem unüberwindlichen Glauben und Treue«. Goebbels Mitarbeiter reichten das Manuskript zur Prüfung an die Lektoratsabteilung der Reichsschrifttumsstelle weiter und erhielten es am 8. Juli 1938 mitsamt einem Gutachten zurück. Der beauftragte Lektor, Kuno Felchner, zeigte sich allerdings wenig begeistert:

> *Die Verse sind ehrlich empfunden: ein schlichter Mensch ringt mit seinen Gefühlen und versucht, sie in die Gewalt der Sprache zu bannen. Aber dazu fehlen dem Verfasser die allernotwendigsten Voraussetzungen. Er beherrscht weder die Rechtschreibung noch die Grammatik. Immer wieder finden sich Verstöße gegen*

beide. So ist es nicht weiter verwunderlich, wenn die Gedanken
ebenso verworren und unklar sind. Der Autor wiederholt sich
andauernd. Er hat den Hang des Autodidakten zu schulmeistern.
Wenn auf der einen Seite des Manuskripts ein Gedicht steht, so
findet sich auf der anderen ein beherzenswerter Satz, der meist
einen allerprimitivsten Gemeinplatz darstellt. Ein Kreis nennt
sich ›Bildnis des Führers‹, poesielose Zeitungsaufzählungen.
Horst Wessel wird ebenfalls besungen und auch die deutsche
Jugend. (›Es gibt kein höheres Volk auf Erden, Drum sei du
Jugend deutsches Wiederwerden.‹) Schlageter, Deutsches Schick-
sal, Ostmark, des Bauers Schwur, Das Reich der Arbeit im neuen
Staat werden immer wieder behandelt. Dazwischen finden sich
Verse ›Am Muttergrab‹ oder solche zum Muttertag, die traurigster
Dilettantismus sind. Es ist sehr bedauerlich, über diese wirklich
ehrlich und gut gemeinten Verse den Stab brechen zu müssen,
aber sie sind leider völlig indiskutabel. Beispiele lassen sich auf
jeder Seite finden.

Nachstehend sollen einige von Zocks in der Tat »indiskutablen«
Versen wiedergegeben werden. Bemerkenswert an ihnen ist vor
allem, dass sich das Propagandaministerium und die Reichsschrifttumskammer so intensiv mit ihnen – wie auch mit den
meisten anderen Erzeugnissen von Laiendichtern – befassten
und auseinandersetzten.

Des Bauers Schwur
Du mein Heimatland
Du meine Scholle
Mein Leben ist von
Deinem Muttersand
Wenn Gott es wolle

Will ich hier leben
Will ich hier sterben
Segen meinem Blut
Du ewig sollst es erben.

Du mein Heimatland
Du meine Scholle
Bis zum tot [sic] sind wir im Kampf verbunden
Wenn Gott es wolle
Vom Glück umwunden
Wirst du Erde mit mir sterben
Denn nie soll fremdes Blut
Meiner Erde Segen erben.

Im Reich der Arbeit
Ein Volk im Reiche der Arbeit
Schafft und strebt zur großen Tat
Und es lebt nur mit der Wahrheit
Und der Arbeit für den Staat

Dunkle Wolken aus deutschen Schloten steigen
Als Zeichen deutscher Arbeit und Kraft
Maschinen singen und tanzen den Reigen
Ihnen wird nicht zu viel der großen Last.

Sie singen ihr Lied tag-aus, tag-ein
Ein Lied von Arbeit und Ruhm
Und kämpfen mit um der Menschheit »Sein«
Sie dürfen nicht rasten noch ruh'n.

Auch auf deutschen Feldern und Wiesen
Kämpft ein deutscher Kern ums tägliche Brot
Die Bauern – die dort ihre Furchen ziehen
Kämpfen gegen ihres Volkes Not.

Deutsche Jugend

Jugend, die du heute geschlossen marschierst
Stolz erfüllt, mit freudigem Blick,
Jugend, die du nach euren Vätern im Volk regierst;
In euch liegt die Zukunft – das deutsche Glück.

Jugend arbeitet, schafft und strebt,
Schafft und strebt für's deutsche Land,
Dass euer Blut siegreich weitergeht
In euch geschlossen Hand in Hand.

Ihr seid die Träger der deutschen Nation
Und die Weiterträger preußischer Tradition,
Alles steht nun auf ein festes Fundament.
Das erbaut und euch von euren Vätern geschenkt.

Jugend, die du heute geschlossen stehst,
Für's Vaterland durch's Feuer gehst,
Das wird in aller Welt dein Ehr,
Drum sei der Zukunft deutsche Wehr.

Drum sei, du Jugend, eine einige Schar,
Verbunden im Geist für dein Vaterland
Zucht und Liebe trag immerdar;
Treue, Lob und Fleiß sei dein Dank.

Werk der Kameraden
Deutschland wird wieder groß erstehn.
Wird seine Schranken brechen.
Vor uns doch nun die Fahnen wehn
Die alle Zeiten werden rächen.

Es ist und bleibt der größte Weg,
Den Deutschland muss beschreiten.
Wenn um uns noch der Sturmwind weht.
Wir halten Stand in allen Zeiten.

Kameradschaft ist das höchste Gut
In harten deutschen Zeiten.
Kamerad sein in so heißer Glut,
wird jeden Sieg den Weg bereiten.

Jeder Deutsche sei ein Kamerad,
Jeden in die Seele dringt.
Jeder sei ein Mann von Tat.
Und Deutschlands Werk in Ewigkeit gelingt.

Felchner trug sein Gutachten in ein Formblatt der Reichsschrifttumsstelle ein, das neben Verfasser, Titel und Inhaltsangabe noch verschiedene Aspekte der Beurteilung abfragte. Das differenzierte Urteil las sich dann so: »*3. Weltanschauung (Haltung, polit. Einstellung, Tendenz, geistige Substanz:* Arbeitergedichte. Positive Haltung in leider völlig unzulänglicher Form. *– 4. Geistesgeschichtliche Einordnung (Künstl.-, philos.-, wissenschaftl.-, polit. Richtung in ihrer histor. Position, Vorbilder usw.):* Ein Dilettantismus, den man nur bedauern kann, da seine Gesinnung sehr echt und treuherzig ist. *– 5. Stoffbehandlung (Eigenheiten, Vorzüge,*

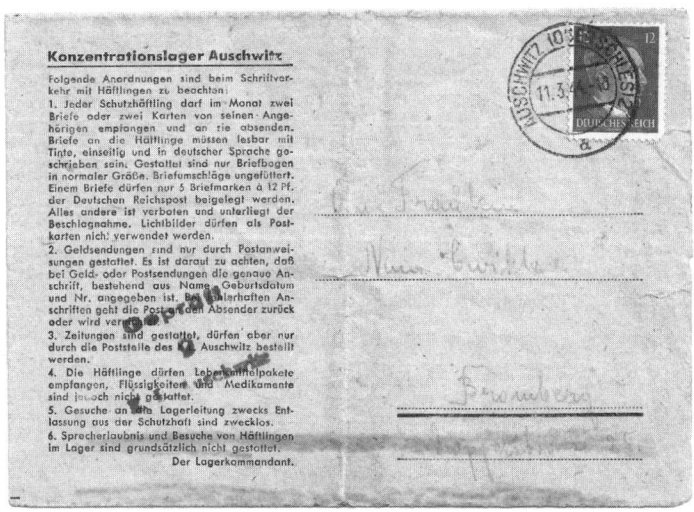

Konzentrationslager Auschwitz

Folgende Anordnungen sind beim Schriftverkehr mit Häftlingen zu beachten:
1. Jeder Schutzhäftling darf im Monat zwei Briefe oder zwei Karten von seinen Angehörigen empfangen und an sie absenden. Briefe an die Häftlinge müssen lesbar mit Tinte, einseitig und in deutscher Sprache geschrieben sein; Gestattet sind nur Briefbogen in normaler Größe. Briefumschläge ungefüttert. Einem Briefe dürfen nur 5 Briefmarken à 12 Pf. der Deutschen Reichspost beigelegt werden. Alles andere ist verboten und unterliegt der Beschlagnahme. Lichtbilder dürfen als Postkarten nicht verwendet werden.
2. Geldsendungen sind nur durch Postanweisungen gestattet. Es ist darauf zu achten, daß bei Geld- oder Postsendungen die genaue Anschrift, bestehend aus Name, Geburtsdatum und Nr. angegeben ist. Bei fehlerhaften Anschriften geht die Post an den Absender zurück oder wird ver...
3. Zeitungen sind gestattet, dürfen aber nur durch die Poststelle des KL. Auschwitz bestellt werden.
4. Die Häftlinge dürfen Lebensmittelpakete empfangen. Flüssigkeiten und Medikamente sind jedoch nicht gestattet.
5. Gesuche an die Lagerleitung zwecks Entlassung aus der Schutzhaft sind zwecklos.
6. Sprecherlaubnis und Besuche von Häftlingen im Lager sind grundsätzlich nicht gestattet.
Der Lagerkommandant.

Alle Lebensbereiche wurden von den Nationalsozialisten kontrolliert: Hitler-Elogen genauso wie Häftlingsschreiben aus den Konzentrationslagern, wie hier aus dem KZ Auschwitz.

Nachteile, inhaltliche Lücken bzw. Fehler): Der Autor hat keinen eigenen, geschweige überhaupt einen großen Gedanken. Er verstößt gegen Sprache und Rechtschreibung. – *6. Form und Sprache:* Unreine Reime, grammatische Fehler. Die Beispiele liessen sich fast Seite für Seite anziehen. – *7. Gesamtwürdigung (Unter sorgfältiger Berücksichtigung und Abwägung der Punkte 3 – 6):* Bei diesen Versen bedauert man aufrichtig, sie ablehnen zu müssen. Hier hat ein einfacher, unverbildeter Mensch seine ehrliche Meinung zum Ausdruck gebracht. Aber leider hat er nichts zu sagen, was nicht schon Allgemeinbesitz geworden wäre und überdies bringt er seine Meinung in einer Form, die sich ebenso über Sprache wie Rechtschreibung hinwegsetzt. Für seine Verhältnisse hat der Verfasser wirklich etwas geleistet. Umso härter wird ihn sicherlich die Ablehnung treffen, aber seine Gedichte verdienen in keiner Weise eine Veröffentlichung. Sie sind (wenn möglich, nicht verletzend) abzulehnen«. Dementsprechend konnte der Gutachter unter dem folgenden Punkt »Verwendungsmöglichkeiten« keine einzige der gebotenen Optionen ankreuzen: »*a) alle Leserschichten, b) Partei und ihre Gliederungen, c) Volks-, Leih- und Werkbüchereien, d) Heeresbücherei, e) Auslandsbüchereien, f) Jugendbüchereien, g) bestimmte Leserkreise (näher zu bezeichnen), h) besondere Empfehlung zu befürworten?, i) für welche Leser nicht geeignet?*« Auf dieser Seite wiederholte Felchner noch einmal sein Urteil: »Ehrliche Haltung in ganz unzulänglicher Form. – Kann leider nicht empfohlen werden«. Mit welchen Worten dem hoffnungsvollen Dichter schließlich abgesagt wurde, ist leider nicht überliefert.

Dank für »neue Lebenskraft«

Oft waren es große Ereignisse, wie der Bruch des Versailler Vertrags, aber häufig auch die Auftritte oder Rundfunkreden Hitlers, die seine Anhänger animierten, zur Feder zu greifen. So schrieb SA-Rottenführer Hans Bendig aus Hamburg am 5. Februar 1937 an Goebbels:[6]

> *Sehr geehrter Herr Reichsminister Dr. Göbbels! [sic]*
> *Anlässlich der Großkundgebung am 4.2.37 in der Hanseaten-Halle hat die Bevölkerung Hamburgs bewiesen, in welch einem großen Kontakt heute Führer und Volk zueinander stehen. So lange Deutsche Geschichte geschrieben wird, hat das Deutsche Volk noch nie einem Regiem [sic] solch ein Vertrauen und eine solche Liebe zu seinem Führer entgegen gebracht, wie das erwachte Deutschland. Wie unsagbar glücklich dieses Volk heute ist, hat Ihnen, Herr Minister, die obige Kundgebung der 30 000 Hamburger bewiesen.*

Wenn ich nun versucht habe, diese geschichtliche Wendung, ihre
Erfolge und den nie versiegenden Dank des Volkes an den Führer,
durch einige kleine Gedichte festzuhalten, so möchte ich damit beweisen, dass sich heute der werktätige Arbeiter oder Angestellte,
mehr denn je mit der heutigen Staatsführung und deren Politik
befasst. Diese Tatsache scheint damit begründet zu sein, dass die
Nation neue Lebenskraft durch unseren Führer erhalten hat.
All diese geschichtlichen Geschehnisse der vergangenen vier Jahre
haben mich als SA-Mann derart gepackt, dass ich mich gezwungen sah zur Feder zu greifen und den Männern zu danken, die
Deutschland vor dem Verfall retteten. Voraussetzung dieser,
meiner Arbeit war, sie den Männern zu widmen, die sich als
erste für Deutschland einsetzten, mit dem Grundsatz alles für
Deutschland.

Ein Volk! Ein Führer!
Vier Jahre sind dahingegangen,
man hat gewerket und geschafft.
Auch nicht ein Einz'ger zeigte Bangen
Dass ihm versiegte Mut und Kraft.
Denn einer hatte fest die Zügel
In seiner starken festen Hand.
Erstürmt ist nun der erste Hügel,
den er Vierjahresplan genannt.
Ein Volk steht hinter diesem Manne,
das aus der Ohnmacht jäh erwacht.
Er hatte alle sie im Banne
Auch die, die ihn verhöhnt, verlacht.
Er hat sie durch die Nacht geführet
Zum hellen Licht der Sonne hin.
Kein Deutscher hungert oder frieret,

auf diesem wundersamen Weg mit ihm.
Er ist uns Vorbild, wird es bleiben.
Sein Wert ist edel, treu der Blick.
Drum wird auch weiter er entscheiden,
mit ihm geht's aufwärts, nicht zurück.
Sein Freund' war Not, Leid und die Sorge.
Er gab das letzte für uns hin.
Vom späten Abend bis zum Morgen
Hat er sein Deutsches Volk im Sinn.
So werden wir nun weiter klimmen,
bis wir des Felsen Rand erreicht;
und er wird uns den Weg bestimmen,
egal, ob schwierig oder leicht.
Und steh'n wir dann auf hohen Zinnen
Der Blick schweift über's Deutsche Land,
dann werden wir das Banner schwingen,
das er uns gab in unsere Hand.
Und wird einmal Befehl gegeben,
zu schützen unser Vaterland.
Mit Freud setzt jeder ein sein Leben,
für diesen Mann, der uns verband.
Dann rufen wir in alle Welt:
›Von der Maas bis an die Memel
Von der Etsch bis an den Belt.
Ein Volk! Ein Führer und ein Symbol,
marschieren heut' für Deutschlands Wohl!‹

Auch in diesem Fall ist die Antwort des Propagandaministeriums nicht erhalten. Offensichtlich waren viele der eingesandten »Werke« derart miserabel, dass das Ministerium die Reichsschrifttumskammer gar nicht erst mit einem Prüfauf-

Wie alle Diktatoren ließ sich Hitler gern mit Kindern ablichten. Dieses Mädchen sagte dem »Führer« angeblich ein »Gedichtlein« auf.

trag behelligen wollte. Ein Berliner »Dichter« erhielt daher am 7. Mai 1938 den lapidaren Bescheid:[7]

Sehr geehrter Herr Rieck, auf Ihre Eingabe vom 6.4.1938 wird Ihnen mitgeteilt, dass das Ministerium leider nicht in der Lage ist, über den Wert des von Ihnen eingereichten Gedichtes ein Urteil abzugeben. Die dem Ministerium übersandten Gedichte werden Ihnen deshalb anliegend wieder zurückgereicht. Für Ihr Interesse wird Ihnen hiermit gedankt.

In einem anderen Fall wandte sich am 20. Oktober 1937 der Generalreferent und Pressechef des preußischen Ministerpräsidenten Hermann Göring, Ministerialrat und SS-Gruppenführer Dr. Erich Gritzbach, zuständigkeitshalber an die Kanzlei des Führers und Reichskanzlers.[8] Er übermittelte »ergebenst ein hier eingegangenes Gedicht der Frau Anna Weber, Remscheid, da Frau Weber die Bitte ausgesprochen hat, dieses Gedicht in plattdeutscher Mundart, das den Vierjahresplan[9] behandelt, weiter an den Führer und Reichskanzler zu leiten«. Frau Weber sei bereits »der Dank des Herrn Generalobersten übermittelt worden«.

Bevor Antwortschreiben verschickt wurden, überprüften die Behörden oft sogar die persönlichen Angaben der Briefeschreiber auf ihren Wahrheitsgehalt. So übersandte Otto Meißner, Staatsminister und Chef der Präsidialkanzlei des Führers und Reichskanzlers, am 31. März 1938 ein Gedicht an den Propagandaminister »mit der Anheimgabe zu prüfen, ob sich das anliegende Gedicht zur Veröffentlichung eignet. Die Ermittlungen haben ergeben, dass es tatsächlich von dem damals 12-jährigen Robert Thomas verfasst worden ist, weshalb ich ihm als Dank des Führers und Reichskanzlers dessen Bild mit faks. Unterschrift übersandt habe«.[10]

»Wellen der Begeisterung«

Gedichte von Frauen

Frauen galten im Nationalsozialismus nur wenig. Hitler vertrat ein ausgesprochen reaktionäres Rollenverständnis der Frau. Die Frau war ihm nur »Gehilfin des Mannes«, während der Mann »Hüter seines Weibes« zu sein hatte. Ihre Rolle war klar definiert: Sie hatte dem Mann zu dienen und in erster Linie Mutter zu sein. Sie sollten dem »Führer« möglichst viele »gutrassige« Kinder als Kanonenfutter für die Wehrmacht sowie für die Besiedlung der erwarteten »Kolonien« im Osten schenken und sich im Übrigen zurückhalten. Entsprechend wurden sie konsequent aus verantwortlichen Positionen der NSDAP ausgeschlossen. Bereits 1921 hatte die Parteiführung festgelegt, dass keine Frau in die Führung aufsteigen dürfe. Daran änderte auch nichts die Gründung der Nationalsozialistischen Frauenschaft (NSF) im Jahr 1931. Für die Vorsitzende und damit »Reichsfrauenführerin« Gertrud Scholtz-Klink war jede Form der Emanzipation ein Gräuel. Küche und Kindbett – das war der Lebensraum, den der Nationalsozialismus Frauen zugedacht hatte. Hitler selbst entschied im August 1934, dass Frauen weder Richterinnen noch Anwältinnen werden durften. Ein Jahr zuvor hatten die Nationalsozialisten an den Universitäten bereits den Numerus Clausus für weibliche Studenten eingeführt. So sank der Frauenanteil von 15,7 Prozent im Wintersemester 1932/33 auf 11,2 Prozent im folgenden Sommersemester. Diese Unterdrückung focht die »gute« deutsche Frau und Mutter jedoch nicht an. Sie verehrte Hitler und betete ihn geradezu an.

Selbst Künstlerinnen und vornehme Damen waren, wie die Historikerin Martha Schad schreibt, der Faszinationskraft Hitlers erlegen.[1] Das galt zum Beispiel für die Architektin Gerdy Troost und Mussolinis Tochter Edda Ciano, die als einzige Frauen Hitler in der Wolfsschanze besuchen durften, für Elsa Bruckmann und Helene Bechstein, die ihn unbedingt salonfähig machen wollten, oder auch für Friedrich Nietzsches Schwester Elisabeth, die den nationalsozialistischen Nietzschekult durch gefälschte Schriften befeuerte – es galt aber vor allem auch für die »einfachen« Frauen aus dem Volk.

»Der Weg der Befreiung ist da«

Auch wenn oft die fast erotische Anziehungskraft betont wird, die Hitler auf viele Frauen ausübte, erhielt er von ihnen keineswegs vor allem Liebesgedichte. Häufig waren es ausgesprochen politische Themen, die im Mittelpunkt weiblicher Dichtkunst standen. Beispielhaft seien die Verse von Hildegard Brauer zitiert, einer NSDAP-Anhängerin aus dem westfälischen Hagen. Sie glorifizierte in einem Gedicht vom 27. April 1935 Hitlers misslungenen Putschversuch des Jahres 1921:[2]

Deutschland ist aufgewacht,
das hat Adolf Hitler gemacht:
Als vor 14 Jahren
Wir im Sterneckenbräu[3] waren,
saßen dort sieben Mann
und sahen nur ihren Redner, Hitler an:
Wir setzten uns an einen grünen Tisch
In eine kleine Nisch'
Und hörten zu
In Seelesruh.

Plötzlich durchbrach wer die Stille
Es gab ein groß' Gebrülle
die Kommunisten machten Stank
Doch die Nationalsozialisten waren nicht bang'
Sie traten ihnen mutig entgegen
Sie waren trotzig, verwegen
Und schmissen sie raus,
so dröhnte das Haus,
Schüsse fielen,
doch keiner blieb liegen.
Es wurden der Anhänger mehr und mehr
Das hielt wahrhaftig schwer.
Aber Hitler rührte die Werbetrommel
Das hatten die Deutschen vernommen:
Es traten der Bewegung bei
Horst Wessel[4] und Theo Sender[5]
Aber auch viele andere:
Sie fielen für Deutschland und für das Recht
Sie waren von deutscher Treue echt.
Aber am 30. Januar
War Adolf Hitler als Reichskanzler da.
Das Volk jubelte und die Saar,
Endlich ist der Weg der Befreiung da.

Von Hitler eingenommen war auch Johanna Hügger aus Duis-burg-Beeck. Am 22. März 1936 schrieb sie ihm folgenden Brief:[6] *»Ich als Mutter von 3 Kindern möchte ihnen zu dem großen Werk, das Sie, Herr Reichskanzler alles nur für uns das deutsche Volk getan ha-ben danken von ganzem Herzen. Nehmen Sie Herr Reichskanzler den Dank einer deutschen Mutter entgegen, für all das was Sie in uner-müdlicher Tätigkeit alles für uns und nicht für sich getan haben.«* Der

In den ersten Jahren seiner Diktatur riss Hitler die Deutschen zu Begeisterungsstürmen hin – erst mit den zunehmenden Verlusten an den Fronten ließ die Euphorie nach.

»Herr Reichskanzler« sei so selbstlos, während *»wir immer nur die Nehmenden sind und all das gute aus Ihrer segensreichen Hand empfangen«.* »Könnte ich Ihnen, Herr Reichskanzler, doch einmal selbst in die Augen schauen und Ihre so gütige Hand drücken! Ich wäre wunschlos glücklich.« Ihr Mann sei schon lange, seit 1922, ein Gefolgsmann und habe durch Hitler wieder Arbeit gefunden. *»Eine deutsche Mutter wünscht Ihnen, Herr Reichskanzler, Gottes Segen auf Ihr Werk herab.«* Bedauerlicherweise war das zu diesem Brief gehörende Gedicht unauffindbar, doch auch der Begleittext zeugt von der tiefen Verehrung für Hitler.

Dora Mantey aus Frankfurt an der Oder meinte für alle ihre Geschlechtsgenossinnen zu sprechen, als sie am 24. März 1936 im Hinblick auf die wenige Tage darauf stattfindende Reichstagswahl und die nachträgliche Volksabstimmung zur Rheinland-Besetzung schrieb:[7] *»Mein Führer…, (ich) weiß … mich* eins mit allen deutschen Frauen und würde mich glücklich schätzen, wenn ich hoffen dürfte, mit meiner Einsendung eine wenn auch noch so kleine Freude ausgelöst zu haben. Am 29.3.36 einen machtvollen Widerhall meines Gedichtes zu finden, bin ich gewiss und begrüße sie in tiefster Verehrung und Treue.« Ihre Verse überschrieb sie mit »Verpflichtendes Erbe«:

Was man ererbt von seinen Vätern hat,
Das soll in Treue man bewahren,
Sich selbst beweisen durch die Tat
Des Erbes würdig, auch in schwersten Jahren.
Und Du, was tatest Du, mein Volk, o sprich?
Du glaubtest einst, wo List und Falschheit warben,
Gabst preis die Ehre, für die blutend sich
Die Besten uns'res Volkes opferten und starben.
Die Helden, die noch in der kalten Hand
Die Fahnen hielten, der sie sich einst verschworen,
Dieweil ein letztes Grüßen ging zum Heimatland,
Zu deutschem Land, das einst auch Dich geboren!
Erhebt euch drum aus dumpfen Hingedämmer,
Lasst Euch nicht länger treiben von der Zeit.
Empor die Fäuste, lasst sie sein wie Hämmer,
Die niederschlagen, was an Schlechtigkeit.
Doch wo Ihr einem großen Leid begegnet,
Da seid so weich wie einer Mutter Hand
Und wisset, dass der Himmel reich gesegnet
Das Volk, das solche Männer sein genannt.
Dann seid Ihr würdig Eurer großen Ahnen,
Würdig des Führers, der sich selbst Euch gab.
Ein Volk, ein Reich, so steht zu den Fahnen
In Treue fest und einig bis ins Grab.

Schon in der ersten Zeile bezog sich Dora Mantey auf Goethes Drama »Faust«, in dem es heißt: »Was Du ererbt von Deinen Vätern, erwirb es, um es zu besitzen.«[8] Dem deutschen Volk bescheinigte sie allerdings, dieses Erbes nicht würdig zu sein. Es müsse aufstehen, kämpfen und sich des »Führers« würdig erweisen, der sich – und dies ist schon entlarvend – »selbst Euch gab«. Verklärend wird unterstellt, Hitler werde sich opfern und die Deutschen hätten ihm dies »bis ins Grab« zu danken.

Ähnlich verblendet zeigte sich Frida Kloster, die Goebbels am 2. Februar 1937 ihre Verse zur Begutachtung sandte.[9] Ihr sei das Gefühl der hohen Dankbarkeit für den Führer zu Bewusstsein gekommen und aus diesem Empfinden heraus habe sie das untenstehende Gedicht verfasst.

> *Wenn ich mir erlaube, es Ihnen, hochverehrter Herr Minister, zur Beurteilung einzusenden, so bitte ich, dies damit zu entschuldigen, dass ich lebhaft wünsche, in recht vielen Volksgenossen die Dankbarkeit hoch zu halten. Ich würde mich außerordentlich freuen, wenn das Lied diesem Zweck dienen dürfte.*

Nach der Melodie von Beethovens »Freude schöner Götterfunken« wollte sie singen lassen:

> *Lasset uns Kinder deutscher Erde*
> *freuen uns des hellen Lichts,*
> *das uns leuchtet zur Fährte,*
> *fort vom Abgrund und dem Nichts,*
> *das – als wir erfasst von Grauen,*
> *allerwegen schon verirrt –*
> *uns ein herrlich Ziel ließ schauen,*
> *dem es uns hat zugeführt!*

25. MRZ. 1936

Frankfurt/Oder, den 24. 3. 1936
Danzigerstr. 42 I

Präsidialkanzlei
Eing. 26.-MRZ-1936

Mein Führer!

[...]

Sieg Heil,
mein Führer!
Fr. Dora Mantey.

Dora Mantey gehörte zweifellos zu den engagiertesten Anhängerinnen Hitlers.
Ihre Gedichte füllten ganze Ordner.

Lasset uns jubeln, deutsche Brüder,
dass die große Wendezeit
unsre Seele hat erneut,
deutsches Wesen uns gab wieder.
Einer aus des Volkes Mitten,
der gar fest an uns geglaubt,
hat um dieses Licht gestritten,
nichts hat ihm den Mut geraubt
in dem Kampf um deutsche Ehre,
um die Freiheit und das Glück,
niemals schreckte vor der Schwere
dieses Ringens er zurück. –

Lasst auf seinen neuen Wegen
schreiten uns in neue Zeit –
auch zu opfern stets bereit –
Deutschlands großem Glück entgegen.
Was der Führer uns gegeben,
können kaum ermessen wir,
höchste Güter, neues Leben,
sagt, was geben wir dafür?

Können je die Millionen,
die der Führer zog empor,
seine große Liebe lohnen?
Dankbereit nun tretet vor!
Lasst uns Adolf Hitler ehren!
Nur durch Tat in seinem Geist
jeder dankbar sich erweist!
Lasst uns ewige Treue schwören!

Rosel Strohschänk-Geithner aus Chemnitz wandte sich am 27. März 1936 direkt an Hitler, um mit einem Gedicht für ihn »Wahlpropaganda« zu betreiben. Das Gedicht habe sie schon 1934 geschrieben. Nachdem sie einige Male erfolglos an Zeitungen herangetreten sei, habe sie sich nun kurzentschlossen auf eigene Kosten von der Chemnitzer Tageszeitung 200 Exemplare drucken lassen und an Schulen und auf der Straße verteilt:

In seiner schlichten verständlichen Form sollte es für Sie, mein Führer, zum Volke sprechen. Ich hoffe, damit die Wellen der Begeisterung für Sie, mein Führer, ein ganz klein wenig mitbewegt zu haben, und Ihnen somit eine Freude zuteil werden lassen. Soeben erfuhr ich, dass mein Lied heute in hiesigen Schulen gesungen wurde. Die letzten Blätter werden heute während Ihrer Rede in Essen verteilt werden.

Es weiß, außer der btr. Druckerei, niemand vom Verfasser, jedoch wünsche ich mir von Herzen, dass Sie, mein Führer, es lesen. Ob ich das erreiche? Gestatten Sie mir, dass ich Ihnen mit meinen Versen meine Verehrung zum Ausdruck bringe.

Noch nie gab es einen Mann der mit soviel Treue, mit so großer Ehrlichkeit und Hingabe sein Volk regierte.

Verzeihen Sie, mein Führer, dass ich es wage an Sie heranzutreten; doch Treue um Treue!

Heil mein Führer!

Das beigefügte Gedicht las sich dann so:

Dem Führer die Treue!
Dem Mann der Tat,
Der unser deutsches Vaterland
Der Schmach entrissen hat.

Dem Führer Vertrauen!
Den Weg zum Ziel ihm treu
In festem Willem schreitest
Du, Volk, zur Höh' aufs neu'.
Dem Führer die Ehre!
Das Deutsche Reich erblüht,
Die deutsche Seele, neu geweckt,
Froh ihm entgegen glüht.
Dem Führer zum Danke
Sei hohen Sinn's bereit
Mit Stolz gedenk des Bauherrn
Deutscher Würde und erhabner Zeit!

Auch in Gretl Müller aus München hatte Hitler eine Verehrerin, die keine Mühen und Kosten scheute, ihre Begeisterung öffentlich zu machen. Sie schickte Goebbels das folgende Gedicht und merkte an, es sei »schon 2 mal im Druck (1931 u. 1932), konnte aber Hindernisse halber nicht in die Öffentlichkeit gelangen«. Die Münchnerin hatte unter dem schlichten Titel »Hitler-Gedicht« eine entsetzliche Mixtur zusammengebraut, in der sie Gott und Hitler, Kampf und Ährenfeld, Pflug und Lorbeerkranz zusammengeworfen hatte, um Hitler, dem »Mann von Stahl und Eisen«, einen lyrischen Kranz zu flechten:[10]

Heil Hitler! Mann von Stahl und Eisen,
Du wirst es durch die Tat beweisen,
was Energie und Willenskraft
In kurzer Zeit für Wunder schafft.
Sein Motto heißt: Durch Kampf zum Sieg!
Durch Gottes Gnad' kommt der Aufstieg.
Ganz Deutschland fragt mit bangen Sorgen

wird Hitlers Saat wohl auch geborgen!
Die Wunder sterben niemals aus,
Viel Freude steht in eurem Haus.
Denn über Nacht, es staunt die Welt,
Steht er im goldnen Ährenfeld.
Zu retten ein geknechtet Land
Gab Dir der Herr den Pflug zur Hand.
Vor allem schafft er Militär
Denn es fehlt Disziplin und Wehr.
Sieh doch einmal unsere Jugend
Wie oft fehlt Ehrgefühl und Tugend.
Was fehlt schafft unser Meister
Und »Adolf Hitler« heißt er! Heil!
Die Siegesfahne flattert
Am »Braunen Haus«, dass knatternd
Ein donnernd »Heil« erschallt,
Das durch das Weltall hallt.
Drum strömt herbei, von Hauf zu Hauf,
»Heil Hitler« Heil! Das Volk steht auf.
Und dann – im höchsten Ruhmesglanz
Reicht Dir dein Volk den Lorbeerkranz.

Begeisterung über den »Anschluss« Österreichs war es, die Käthe Heiligenberg-Pätzold, Leiterin einer Ortsgruppe des Volksbunds für das Deutschtum im Ausland (VDA) aus dem Bezirk Kassel, zur Feder hatte greifen lassen. Sie schrieb Goebbels am 18. März 1938:

Darf ich mir erlauben, Ihnen anliegendes Gedicht in Verehrung
zu überreichen, das in der Begeisterung der letzten Tage ent-
stand. Vielleicht macht es Ihnen Freude. Ich wäre sehr glücklich,

wenn es nach Wien weitergeleitet werden könnte und stelle es Ihnen zur Propaganda zur Verfügung.

Am 12. Febr. 1933 hatte ich die hohe Ehre und unvergessliche Freude, unserm geliebten Führer mein Gedichtbändchen ›Brünnlein der Freude‹ bei der Richard-Wagner-Feier in Leipzig persönlich überreichen zu dürfen. Als gestern im nahen Niederurff eine ›Alpenländische Volkskunstgruppe‹ aus Innsbruck in einer großen V.D.A. Veranstaltung gastierte, habe ich bei der Begrüßung das Gedicht gesprochen, und die lieben Deutschen waren sehr erfreut und stolz und begeistert, dass sie nun Reichsdeutsche geworden sind. Es war ein ergreifendes Erlebnis. Sie zeigten uns dann das Brauchtum ihrer schönen Heimat in Lied, Wort und Tanz. Den Reinertrag, den ich dem V.D.A. überweisen kann, aus dieser Dorfveranstaltung beträgt 152,90 RM.

In herzlicher Verehrung und Dankbarkeit für alle die schönen und erhabenen Stunden, da wir Ihren Worten am Rundfunk lauschen durften, grüße ich Sie mit unserem deutschen Gruß Heil Hitler!

Nachschrift:

Darf ich vielleicht die bescheidene Bitte aussprechen, dem Führer das Gedicht zu zeigen? Es würde mich sehr, sehr glücklich machen.

Ihr kehrtet heim…

Ihr kehrtet heim, ihr seid die Unsern wieder,
Die ihr in Knechtschaft lange habt gelebt!
Wie hell ertönen eure Jubellieder.
Da euer Kampf erreicht, was ihr erstrebt!
Ihr harrtet aus, bis E r zu euch gekommen,
Der unser aller Führer ist und bleibt.
Zu dem wir all in heißer Lieb entglommen,

Der Weltgeschichte nur mit T a t e n schreibt!
Euch ward die Freiheit jetzt zurückgegeben
Durch euer eignen Heimat größten Sohn.
Er schenkt euch neuen Glauben, neues Leben
Und euer Dank ist ihm der schönste Lohn.
Ihr seid nun deutsch, wir stehen fest zusammen
In unserm Handeln, unserm Fühlen / gleich!
Hell lodern der Begeistrung Siegesflammen:
Ein Volk, ein Führer, / ein großdeutsches Reich!

Unter der Überschrift »Dein ›Ja‹ zum Führer« legte Käthe Jansen aus Köln am 26. März 1936 ihr Bekenntnis zu Hitler ab und reimte mehr schlecht als Recht:

Einig wir ein Volk zusammenstehen!
Alle werden wir zur Urne gehen,
Antwort geben auf des Führers Ruf,
wollen treu uns zu ihm bekennen,
den wir dankbar unseren Führer nennen,
Er, der neu das Vaterland uns schuf.
»Ja!« der Mann, dem Arbeit er beschafft,
»Ja!« die Frau, die er als Mutter ehrt,
»Ja!« die Jugend, der er Zukunft gibt,
Alle, alle werden wir 's bekunden
In der Vaterlands Schicksalsstunden,
Dass das deutsche Volk den Führer liebt.
Eine heil'ge Wallfahrt soll es werden,
Geht's den höchsten Gütern doch auf Erden
Freiheit! Friede! Ehre! Arbeit! Land!
Darum wird ein Volk zur Urne wollen.
»Ja!« so wird 's millionenfach erschallen

Treu dem Führer!
Das ist das Gebot!

»An den Reichskanzler eines glücklichen Volkes« wandte sich Anna Suchthausen aus Stadtoldendorf, die im selben Jahr die folgende Hymne auf Hitler abgeschickt hatte:[11]

Weißt Du, Führer, was Du bist?
Du bist unser Glaube, bist Hoffen und Lieben,
Du bist das Feld, auf dem wir stehen,
das heilige Kleinod , das wir besitzen –
das bist du!
Weißt du, Führer, wie wir dich lieben?
So, wie die Möwe das weite Meer,
so, wie die Blume die helle Sonn'
und wie ein Mensch seine Heimat liebt –
so lieben wir dich!
Weißt du, Führer, wie wir dir danken?
Wir glauben an dich, wir folgen dir,
wir wollen dich nie und nimmermehr lassen
und bitten den Herrgott, dass er dich segne –
so danken wir dir!

Dem »geliebten Führer« widmete Luise Großmann, Koblenz, am 25. März 1936, die folgenden holprigen Verse, in denen sie Hitler überhöhte und in die Nähe des Göttlichen rückte:[12]

O, Führer, Sie haben um die Seele des Volkes gerungen,
Ein großes Werk der Geschichte ist Ihnen gelungen.
Zertreten das Vaterland, in Parteien und Hader,
Ihr großer, göttlicher Glaube an das Edle und Reine im Volke aber:

Gab Ihnen, mein Führer, die Kraft, die Seele des Volkes wach zu
  rütteln
Sie gaben unseren Teueren im Weltkrieg Gefallenen, die hohe
  Ehre zurück.
Verschüttet, mit Unkraut überwuchert war die Kraft erlahmt.
Die Vorsehung gab uns einen Führer, so groß, er kam.
Sie, mein Führer, Sie liebten das Volk, kein Opfer war Ihnen zu
  groß.
Sie, mein Führer, sprengten die Fesseln der tiefsten Schmach,
  das traurigste Los.
O, Wunder, der Frühling ist angebrochen, die Kraft und der
  Glaube ist erwacht,
Ihnen, mein Führer, das erwachte Herz Ihres Volkes entgegen-
  lacht.

Emma Faller-Triebel aus Dresden sandte am 3. April 1938 den folgenden Brief an die Privatkanzlei Hitlers, die ihn am 9. April 1938 an Goebbels weiterleitete.[13]

Um einem Zweifelsfall vorzubeugen, und um die Entscheidung darüber zu beschleunigen, ob die in der Anlage überreichten Gedichte und der kleine Artikel als Propaganda zur Volksabstimmung veröffentlicht werden dürfen, bitte ich die beigefügten Muster zur Einsichtnahme entgegen zu nehmen. Mit gleicher Post gehen je 100 Stück Matrizen, wie in der Anlage an die Reichspropagandaleitung für die Volksabstimmung, Berlin W. 8, Hotel Kaiserhof zur Weiterleitung an die Zeitungen ab. Ich würde dankbar und glücklich sein, wenn ich damit dem Werk unseres Führers dienen dürfte und bitte ergebenst, die Reichspropagandaleitung von dem gefassten Beschluss in Kenntnis setzen zu wollen.

Eher emotional gehalten war das Gedicht »Meinem geliebten Führer und Reichskanzler!«, das Charlotte Spöhle aus Magdeburg einsandte:[14]

Wir möchten Alle zu Dir kommen,
und dankend dir ins Auge sehen,
Du hast das Leid von uns genommen,
und ließest Deutschland auferstehn.

Du gabst mit Deinem heiligen Glauben,
Deutschland die eigene große Kraft,
und keine Macht wird sie uns rauben,
was Deine starke Hand geschafft.

Dass Hitler große Emotionen nicht nur bei Frauen entfachte, sondern durchaus auch bei Männern, belegt ein am 10. Dezember 1936 von Horst Schrader verfasstes »Liebesgedicht«:[15]

Es möchte mein Herz zerspringen,
Wenn es »Mein Führer« ruft;
Es möchten tausend Stimmen
Auf einmal aus dem Innern klingen,
Wenn es dich, o Führer, ruft.
Tränen müssen dringen –
Dennoch liegt mein Herz in Banden,
weil es nicht bei Dir, mein Führer, steht.
Möchte mit durch alle Landen,
Frühen Morgens, abends spät!

Meine Tränen fließen –
Ich wünscht, Du würdest es sehn.

Würd mich in Deine Arme schließen –
Kräfte schöpfen, stündlich mit Dir gehen.

Heiliger Wille würd' entsprießen:
Rank und gerade stehn!

Religiöse Verklärung

Hitler als »Messias« und »Gottgesandter«

Die Nationalsozialisten, insbesondere Hitler selbst, hatten mit der christlichen Kirche, vor allem mit der katholischen, wenig im Sinn. »Die ganzen Kirchenlehren [sind] ein einziger großer Blödsinn«, meinte Hitler bei seinem »Tischgespräch« am 9. April 1942.[1] Es handele sich um »eine unglaublich schlaue Mischung von Heuchelei und Geschäft«, denn »ein gebildeter Geistlicher« könne »unmöglich den Unsinn glauben, den die Kirche verzapfe«.

Dadurch, dass die Bibel Allgemeingut geworden sei, beklagte Hitler am 5. Juni desselben Jahres, »seien einer Fülle von Menschen religiös aufgemachte Gedankengänge nahegebracht worden, die sie – in Verbindung mit der typisch deutschen Eigenschaft des Grübelns – zu einem Großteil mit der Zeit in religiösen Wahn hätten verfallen lassen«.[2] Man müsse daher alles tun, um »einer geistigen Verkrüppelung weiter Kreise des deutschen Volkes vorzubeugen, egal ob diese sich nun als religiöser Wahn oder als sonstige Form der Geistesgestörtheit äußere«.

Mit beachtenswerter Energie und Findigkeit kämpften die Nationalsozialisten dementsprechend gegen den gesellschaftlichen Einfluss der Kirchen, schikanierten Geistliche, beschlagnahmten kirchliche Einrichtungen und erschwerten das Theologiestudium und die Ausübung des Religionsunterrichts. Dennoch gelang es ihnen nicht, den christlichen Glauben im Volk zu eliminieren. Die Nationalsozialisten kamen nicht umhin, christliche Riten zu dulden oder sie mit eigenen Inhalten zu versehen. Das galt für das Weihnachtsfest, das Martin Bormann, der Sekretär des »Führers«, am liebsten abgeschafft hätte und das galt ebenso für die Taufe oder die Eheschließung. Der Versuch, diese durch alternative Riten wie die »Eheweihe« oder die »Namensgebung« zu ersetzen, misslang gründlich. Selbst Reichsmarschall Hermann Göring ließ seine am 2. Juni 1938 geborene Tochter Edda kirchlich taufen und Taufpate war: Hitler! Und eben dieser Hitler war es auch, der bereits als Trauzeuge bei der Heirat seines engsten Vertrauten Martin Bormann fungiert hatte.

Wie wenig die antikirchliche Propaganda selbst bei manchem Anhänger des Nationalsozialismus verfing, zeigt sich nicht zuletzt darin, dass viele der Hitler verherrlichenden Gedichte vor religiöser Metaphorik nur so strotzten. Häufig wurde er sogar als Messias oder von Gott Gesandter gepriesen, was ihn in einem »Tischgespräch« am 5. Mai 1942 zu dem Kommentar veranlasste, »dass er zum Prophetentum oder zu einem Auftreten als Messias keine Eignung in sich spüre«.[3] Für Fritz Evers, einen Kontorboten aus Magdeburg, der keine Mühen und Kosten scheute, um seine »Gedichte gewidmet unserem großen Führer Adolf Hitler« drucken zu lassen, stand dennoch außer Zweifel, dass Hitler im Auftrag Gottes handele. Bei seinem »Gedicht« handelt es sich daher wohl eher um ein Gebet, um eine Anbetung:[4]

Herrgott im Himmel, wir danken dir,
ein großes Wunder hast du uns beschert;
Ein Mann aus dem Volke, der jetzt unser Vaterland führt,
Ist durch dich, großer Gott, belehret.
Unser armes Vaterland hat er gerettet aus großer Not,
Ihm gebühret unsere große Ehre.

Hitler – hier im Oktober 1933 mit dem päpstlichen Nuntius – hasste die katholische Kirche. Dennoch hielten ihn viele Deutsche für »von Gott gesandt«.

Durch deine Güte, du allmächtiger Gott,
hat er uns wieder Achtung und Großmut gelehret.
Nun lasst uns jetzt getrost in die Zukunft schaun
Wir wollen auf Gott und Hitler vertraun.

O Vaterland, mein Vaterland,
wie tief lagst du am Boden.
Doch Gott hat uns einen Mann gesandt,
der tat das Unkraut ausroden …

Ewige Treue wollen wir Dir loben!
Ganz Deutschland hast Du wieder aufgewacht!
Gottes Segen kommt von oben.

In einem weiteren Poem von Evers wurde Hitler – in völliger Verkennung der Realität – als »gottesfürchtiger Mann« bezeichnet. Dass der Diktator auch noch mit Vokabeln wie »Wahrheit, Recht und Freiheit« in Verbindung gebracht wurde, verstärkt den grotesken Eindruck.[5]

Heil Hitler! Im schlichten Gewande,
Du bist jetzt Deutschlands größter Held,
Du wurdest bekämpft und verachtet,
Doch siegreich behauptest du das Feld.

Heil Hitler! Du Mann aus dem Volke,
Ein Bismarck ist Deutschland wieder vermacht;
Mit Herz und Hand folgen wir dir treulich.
Führe Deutschland wieder zur großen Macht.

Heil Hitler! Du schlichter Musketier,
Du hast es verstanden wie Keiner,
Deutschland hast du wieder erweckt, du großer Held,
Uns bist du Feldmarschall und kein Gemeiner.

Heil Hitler! Du gottesfürchtiger Mann,
der Lüge und Feigheit verachtet;
Die Wahrheit, Recht und Freiheit sind dein Panier,
Den Glauben an Deutschlands Aufstieg du entfachtest.
Drum dreimal Heil, meines liebes Vaterland!
Durch Hitler uns wieder ein Retter erstand!
Heil! Heil! Heil!

B. Schüler aus dem thüringischen Heygendorf sah Hitler ganz ausdrücklich in der Rolle eines Nachfolgers von Jesus, der wie sein Vorgänger mit Aposteln durchs Land gezogen sei – zwar nicht mit zwölf, aber doch mit sieben. Am 22. März 1936 brachte er unter der Überschrift »Unserm Führer!« seine Wahnvorstellungen zu Papier:[6]

Ihnen, mein Führer, gilt unser Gruß
Denn Sie haben für uns so viel Verdruss.
Sie haben es endlich fertig gebracht.
Denn unsere Freiheit kam über Nacht.
Sie haben gekämpft wie seinerzeit
Der Allmächtige, der die ganze Welt befreit.
Mit 12 Aposteln zog er durch's Land
Doch Sie hatten 7 nur erst an der Hand.
Sie haben gekämpft steht's Tag und Nacht,
Verhöhnt, verspottet und verlacht.
Sogar auf Festung brachte man Sie ein.
Wie konnte das nur möglich sein?
Ihr Wort fand anfangs kein Gehör
Die Herzen blieben und blieben leer.
Aber heute da jubelt ganz Deutschland Ihnen zu:
»Heil unserm Führer! Heil Hitler! – nur du.«
Will auch die Welt Sie nicht verstehn
Vertrau'n Sie auf uns, wie fest wir steh'n.
Der Wahltag wird's der Welt schon zeigen
Dass Deutschland nicht den Kopf tut neigen.
Sie mögen schimpfen – mögen toben,
Ihr Sieg, der kommt vom Himmel oben.
Ein Deutschland wird nie untergehn
Wenn Führer und Volk zusammenstehn.
Heil Hitler dir, und deinen Worten!
Heil Deutschland dir, im Friedenskleid!

Einst wird Vernunft an allen Orten
Eindringen in die Menschlichkeit.

Für den aus Siebenbürgen stammenden Heinrich Zillich – einem der professionellen Schriftsteller unter den Hitler-Verherrlichern, der mit zahlreichen Literaturpreisen ausgezeichnet wurde und auch nach 1945 ungehindert weiter publizieren konnte – war Hitler nicht weniger als »den Deutschen von Gott gesandt«:[7]

Den Deutschen von Gott gesandt, lange verkannter einsamer
    Mann,
du Großer, an dem sie gefehlt, weil sie erst spät auf den Schild,
aber dann doppelt freudig dich hoben, Herzog der Deutschen,
    Retter des Reichs und des Volks bis in die letzte Mark.
Nicht nur das Reich, nicht nur die Wehr und der Ehre strenge
    Versühnung
danken sie dir, der aus der Tiefe stieg und Mal um Mal ihnen
    setzte,
nein, ob der Lande fern, wo ihre Sprache erklingt,
über die Meere hinweg, wo ihre Segel entschwinden,
überall dort, wo im Fremden säugen die Mütter der Deutschen
und Väter schlagen den Wald und frachten die Ernte,
überall auch, wo in kalten Tälern stumm mit den Ketten
löste dein zeugendes Wort die verworrenen Herzen.
Gütiges Auge, blau, und erzene Schwerthand,
dunkele Stimme du und der Kinder treuester Vater,
sieh, es stehen geschart über die Erdteile hin
Weib und Mann in den Flammen der Seele
heilig vereint, eine endlose Kette,
aufbruchumrauscht vor dem Morgen,

den deine Schultern allein
aus den Klüften der Not
über die Grate gehoben.
Heil in das Große hinein führt sie dein sicherer Schritt.
Was je der alte Kaiser weltweites Auge erträumt,
mächtiger war deine Tat, und in das Ährenmeer
schreitet dein Volk der ewigen Säer und Schnitter,
körnerumschwirrt und Herren wie einst,
da sie den Zeiten das Maß so wie heute bestimmten.
Aber noch niemals ward solches Los
goldner gewährt als jetzt,
Führer der Deutschen, seitdem
du sie geadelt!

Etwas holpriger, aber dafür nicht weniger verschwurbelt drückte Gerhard Hassler aus Bremerhaven seine Vergötterung Hitlers aus. Die Verse, die er am 5. Mai 1938 an Reichsminister Goebbels sandte, trugen die Überschrift »Mein großer Bruder!« Gemeint war natürlich Adolf Hitler, den »ein« – nicht »der« – Gott emporgetragen hatte.[8]

Dein Glaube wurde Wort
Und dann auf Adlerflügel
Trug Dich ein Gott aus Nacht und Tod empor.
Dein sittlich Wollen macht die tiefste Nacht zum Tage –
Und neues Morgenrot bricht strahlend hell hervor.

Jetzt wird des Stückes Füllhorn reichlich ausgeschüttet –
Dein Götterwollen wohnt in jedem deutschen Kind,
Du bist ein Segen unserm großen Volke
Und Deine Treue trägt vom Land zum Meer der Wind.

Dein Wort, unfassbar groß in dunklen Tagen,
Hat jedes deutsche Herz mit Mut erfüllt –
Du hast die Sehnsucht unseres großen Volkes
In trübsten Stunden durch Dein Werk gestillt.

Auch Hitlers Geburtstag war jedes Jahr für viele Deutsche ein Anlass, zur Feder zu greifen, um ihrem »Führer« zu huldigen. V.A.F. Tischer zündete in seinem Hitler-Wahn ein wahres literarisches Feuerwerk »Zum Geburtstage des Führers«, das nicht nur mit Versatzstücken des Liedes »Viel Glück und viel Segen«, sondern auch mit zahlreichen religiösen Bezügen gespickt war – bis hin zur Aufforderung »inniglich« für Hitler zu beten, damit Gott ihm zur Seite stehe:[9]

Nun tretet heraus
Aus dem Haus,
Palast und Hütte
Auf des Platzes Mitte.
Entzündet Brände
Reckt hoch die Hände,
Stimmt jubelnd ein:
»Führer, wir denken dein.«

Lasset Chöre singen
Und Glocken klingen
Die Böller dröhnen,
Sirenen ertönen,
Raketen klettern,
Fanfaren schmettern
Und rufen feierlich:
»Führer, wir lieben Dich.«

Vor Gott lasst uns treten
Und inniglich beten.
Gib Deinen Segen
Auf all seinen Wegen
Stärke sein Wissen,
Bei schweren Entschlüssen
Sei ihm Geleite
Und steh ihm zur Seite.

Liebe und Treue
Schwör'n wir auf's Neue
Bleiben erhalten.
Göttliches Walten
Soll Dich bestärken
In all Deinen Werken,
In Frieden uns führen:
»Führer, wir gratulieren.«
Viel Glück und Segen auf all deinen Wegen.
Gesundheit und Freude sei auch mit dabei!

Dass Hitlers Handeln von Gott geweiht sei, unterstellte ein unbekannter Autor in den Weiheversen »Zeitenwende«:[10]

Schwere Wolken am Firmament!
Aller Herzen voll Bangen. –
Wann endlich gehen die Sorgen zu End? –
Wann kommt die erlösende Zeitenwend? –
So qualvoll dieses furchtbare Hangen.
(...)
Ja! Schwinden werden die trostlosen Zeiten.
Es ist wie ein schwerer, ein lang langer Traum.

»Heil Hitler! Du hilfst uns die Wege bereiten« – für den Weg in die Katastrophe galt das allemal.

Heil Hitler! Du hilfst uns die Wege bereiten,
mit Deiner Kraft – der von Gott geweihten.
Schafft in den Herzen der Hoffnung Raum.

Wir wollen Dir helfen dies Werk zu vollbringen
Arbeiter des Geistes – Arbeiter der Hand !
Zum Himmel möge der Schwur heute dringen:
Gott gebe uns ein ganzes Gelingen
Und segne das deutsche Vaterland.

Karl Bosek-Kienast aus Wien sah Hitler und die Nationalsozialisten »mit Gott im Bund«. 1930 verfasste er eine Hymne, in
deren Mittelpunkt er das Hakenkreuz als Symbol des Nationalsozialismus stellte:[11]

Das Hakenkreuz im weißen Feld
Auf feuerrotem Grunde
Gibt frei und offen aller Welt
Die hochgemute Kunde:
Wer sich um dieses Zeichen schart,
Ist deutsch mit Seele, Sinn und Ar
Und nicht bloß mit dem Munde.

Das Hakenkreuz im weißen Feld
Auf feuerrotem Grunde
Zum Volksmal ward es auserwählt
In ernster Schicksalsstunde,
Als unter Schmerzen, heiß und tief,
das Vaterland um Hilfe rief,
das teure, Todeswunde.

Das Hakenkreuz im weißen Feld
Auf feuerrotem Grunde
Es hat uns mit stolzem Mut beseelt.
Es schlägt in unserer Runde
Kein Herz, das feig die Treue bricht.
Wir fürchten Tod und Teufel nicht!
Mit uns ist Gott im Bunde.

Der religiöse Bezug in diesem Gedicht lässt sich bis auf Martin Luther zurückführen: Der Reformator hatte in seiner Predigt zum Pfingstmontag 1536 gesagt, die Menschen würden durch den Heiligen Geist derart erleuchtet, dass sie weder Tod noch Teufel fürchteten.

Der SA-Mann Adolf Breitkopf, dessen »Dichtkunst« wir weiter oben bereits kennengelernt haben,[12] pries Hitler in seinem Gedicht »Deutsche Treue« als von Gott gesandten Volks-vermittler.[13] Im Mittelpunkt des Werks stand Ulrich Graf, ein SA-Mann und Nationalsozialist der ersten Stunde, der sich da-durch einen Namen gemacht hatte, dass er sich in den Turbu-lenzen des misslungenen Hitler-Putsches am 9. November 1923 schützend vor Hitler gestellt hatte und dabei schwer verletzt worden war. Obwohl Grafs Tat in der NS-Literatur praktisch keinen Niederschlag fand, bekam er immerhin den »Blutorden« verliehen, mit dem Hitler auch andere Kumpane seines Putsch-versuches bedachte, und wurde später Reichstagsabgeordneter.

Ulrich Graf, Du Sinnbild deutscher Treue
Immer und immer beneide ich Dich aufs Neue
Dass Du ihn konntest mit Deinem Leibe decken,
als Verräterkugeln ihn wollten niederstrecken.
Ihn, unseren Führer Adolf Hitler,
den Gott uns sandte als Volksvermittler,
Deutschland zu retten aus Schmach und Not,
Vor Juden, Moskau und Brudertod.
So stehen wir alle Mann für Mann
Und immer wieder kommen neue heran,
Ulrich Graf, Dir es gleich zu tun,
für Adolf Hitler zu kämpfen und Deutschlands Ruhm.

In Hitler Gott begegnet

Ähnlich verzückt war Andrea Wirth aus Hamburg, die Hitler nicht nur als von Gott gesandt pries, sondern mit ihm »Gott selbst begegnet« sein wollte. Sie verfasste ihre Verse kurz vor der Reichstagswahl am 29. März 1936, die mit der Volksabstim-mung über die Rheinlandbesetzung verknüpft war. Zu diesem Anlass hatte Andrea Wirth ihrem »geliebten Führer« das unten abgedruckte Gedicht gewidmet, das in geradezu blasphemischer Weise einmal mehr Hitler in die Nähe Gottes rückte.[14] Der überwältigende Wahlsieg der NSDAP mit 98,8 % der abgegebenen Stimmen war allerdings wohl weniger solchen Propaganda-Gedichten geschuldet, sondern eher der Tatsache, dass nur eine nationalsozialistisch dominierte Einheitsliste zur Wahl stand.

Hitler! Du Führer! Du großer Mann:
Deutschland!
Wann stand uns ein ›Solcher‹ zur Seite? Wann?
Deutschland?
Zubereitet in Not, Tod, Kampf und Streit
Bist Du zu sterben für Deutschland bereit!
Du warbst für den Bruder, der abseits stand,
als Heimatfrieden er wieder fand!
Du gabst den Hungernden Arbeit und Brot,
banntest in Deutschland die bitterste Not!
Du strecktest die Hände weitaus, weitaus,
Holst nun uns den Frieden der Welt ins Haus!
Wir wissen's Du bist uns von Gott gesendet,
Du hast Dein Herz ganz Deutschland verpfändet.
Gott hat Dein Leben sichtbar gesegnet,
mit Dir ist uns Gott selber begegnet!
Mit Dir, wir reichen Dir alle die Hand,
ein einziges – einiges Deutschland!

Zum gleichen Anlass hatte Maria Kotz, ein 22-jähriges »Forstheimer Mädel«, »das mit großer Liebe an ihrem Vaterland hängt«, sich für den »Herrn Führer im Reichstag Adolf Hitler« angestrengt und ihre Verehrung in Verse gegossen.[15] In dem vom »Gott der Mächte« gesandten »Führer« wollte sie Liebe, Bescheidenheit und Pflichtgefühl entdeckt haben:

Wir halten treu zu Dir o Führer,
was Du tust ist immer recht.
Wir treten für Dich ein, o Führer
Denn: Du hast am rechten Fleck das Herz.
Mag kommen, was da kommen will,
Du weißt es immer recht zu schlichten
Du hast Dich immer schon bemüht
Und lässt uns niemals, niemals sitzen.
Nur für Dein Volk willst Du arbeiten,
an Dich selber denkst Du nie,
das Vaterland aufrecht zu erhalten,
das ist dein selbstgestecktes Ziel.
Du tatest viel für uns aus Liebe,
stets unser Bestes willst Du nur,
o mag es immer Dir gelingen
der Herrgott hilft Dir schon dabei.
Doch großen Dank dem Gott der Mächte,
der Dich als Führer hat geschickt,
und Dir eingibt zu tun das Rechte,
denn: Du tust noch mehr als Deine Pflicht.
Und magst auch Feinde Du besitzen,
wir Deutschen halten zu Dir fest;
denn Du allein bis Deutschlands Führer
in unserem Land hast Du das Recht.
Ja wir werden es Dir zeigen
Ob wir einverstanden sind
Am 29. März[16] sollst Du haben die Beweise
Dass es nur ein Deutschland gibt.

Deutsch sind wir und deutsch wollen wir bleiben
Führer wir versprechen Dir treu zu sein,
Ein einig Volk sollst Du haben,
Dir Führer, ein dreifach kräftig Sieg Heil.

Ebenfalls zur Scheinwahl vom 29. März 1936 hatte Emil Likfeldt aus Bad Godesberg eine Hymne verfasst, in dem er dem »Sohn des deutschen Volkes« – »geheiligt durch des Allmächt'gen Hand« – eine wahre Huldigungsorgie widmete. Trotz seiner Länge soll das Gedicht »In Treue fest zum Führer« wegen seiner Aussagekraft über den psychischen Zustand des Verfassers, der damit ja in Deutschland keinesfalls allein stand, in voller Länge wiedergegeben werden.[17]

Der Frühling ist nun eingezogen, es ist erwachet die Natur,
Die trübe Zeit, sie ist vorüber, das Neulicht strahlt, die Sonne
    lacht.
Es tut sich auf die Erde, sie spendet Feld und Flur
Aus dunkler Nacht ein neues Leben, ein strahlend Licht mit voller
    Kraft!

Und Frühling ist's im Erdenrund, in allen deutschen Landen,
Das deutsche Volk, es ist erwacht zu einem neuen Leben.
Es ist erweckt aus tiefem Schlaf, befreit von Willkür Schmach und
    Schanden,
Aus den Ruinen ist erblüht, ein kraftvoll neues Werden.

Wer ist's, der dieses grosse Werk, dies Wunder hat vollbracht,
Der schuf aus Trümmern ein Gefüge, so felsenfest und eisenhart,
Der gab dem Volk die Ehr' und Freiheit, des Landes höchstes
    Glück,

den Glauben an sich selbst, ein Deutschland, wie es wieder ist,
zurück?

Kein König ist's, kein Fürstensohn und auch kein Rittersknab,
Dem man in der Wiege schon das Recht zur Macht mitgab,
Es ist kein Fanfaron[18], auch kein Despot, kein Dämon oder
Tyrann,
Der rücksichtslos aus Eigennutz die Herrschaft mit Gewalt sich
nahm.

Ein Sohn des deutschen Volkes ist's aus edlem deutschen Blut,
Mit heisser Lieb im Herzen für Volk und Vaterland!
Sein heil'ger unerschütterlicher Glaube gab ihm die Kraft, den
Mut,
Selbstlos und unentwegt zu kämpfen mit starker Hand!

Sein Werk ist edel, geformt aus Lieb und eignem Leid,
Gestählt, gefestigt und geheiligt durch des Allmächt'gen Hand.
Die Macht, die er besitzet, bedecket nicht der Herrschsucht Kleid,
Gegeben ist ihm diese vom deutschen Volk in Lieb und Treu, als
Unterpfand!

Weil dem so ist und er geführet sein Volk durch Nacht zum Licht,
Er selbst von hoher Ehr und höchstem Adel, gerecht und schlicht,
Kann ohne Sorge ruhig er legen sein Haupt in jedes Untertanen
Schoss[19],
Er braucht nicht feste Burgen, kein Schwert, nicht Knapp', noch
Ross.

Darum ist er der ›Grosse Führer‹, des deutschen Volkes Edelstein,
Als Führer ist er grösser noch wie jeder Fürst auf dieser Welt.

Denn unvergleichbar ist, was er geschaffen, durch Mut und Kraft
  allein,
Kein Schmerz, kein Leid erspart ist ihm geblieben im Kampf für
  Deutschland, wie es heut besteht!

Es schaut auf seinen Führer mit Zuversicht, das deutsche Volk,
Mit Stolz und Dank im Herzen, in Ehrfurcht, Lieb und ew'ger
  Treu,
Es schwört Gefolgschaft ihm auf's neue in Freud und Leid, in
  Not und Tod,
Was er versprochen, hat er gehalten, und Deutschland ward
  durch ihn ganz frei!

Der Führer spricht, die Welt horcht auf, sein ehrlich Wort gilt
  allen Völkern,
die Ehr' und Freiheit, gleiches Recht, nicht ›nur‹ für sich in
  Anspruch nehmen,
Er appelliert an die Vernunft, beweist auch, was man hört nicht
  gern,
Dass ›andere‹ und n i c h t Deutschland Recht und Unrecht nicht
  mehr kennen!

Ist Deutschland ein Vasallenstaat, der nicht Rechte hat, nur
  Pflichten
Und können ›andre‹ lustig brechen, Recht, Verträge und die Pakte?
Ist das denn auch noch friedfertig und gleiches Recht für alle,
wenn die, die das schon ›längst‹ getan, was Deutschland sich hat
  ›auch‹ genommen, jetzt noch wollen richten?

Mag auch der ›hohe Rat‹ entscheiden, Beschlüsse fassen hier und
  dort,

Für Deutschland gibt es kein Zurück, nur aufwärts, nicht bergab!
Was heute ist, das wird auch bleiben, das ist das letzte Wort.
›Von deutscher Ehr' und Freiheit zu Land und Wasser,
in der Luft, geht bei aller Friedenslieb', kein Jota wieder ab.‹

Nun ruft der Führer zum Appell, das deutsche Volk zur Wahl,
Entscheiden soll's, ob gut, ob schlecht, ob recht hat er getan,
Ob Deutschland frei soll bleiben, ob's wieder sein will ohne
    Rechte,
Ein Spielball fremder, hass- und neiderfüllter fremder Mächte!

Das Volk, es schauet unbeirrt, furchtlos und treu auf seinen
    Führer.
›Dein Wort, du Führer, ist Deutschlands Wort, wir a l l e sagen
    ›Ja‹!
Und wer was andres denkt und sagt, der ehr- und rechtlos ist viel
    lieber,
Das ist kein Deutscher, der ist nicht wert, mit uns zu leben, auch
    nur noch einen Tag!‹

Mag's biegen oder brechen, sei's Sturm und Wetterbraus,
Zum Führer steht die Nation, geschlossen wie ein Mann!
Und wär' das Schicksal noch so hart, das Volk hält mutig aus,
Mit Gott, für Führer und für Recht, für Freiheit, Ehr' und Vater-
    land!

›Wird uns der Sturm auch wild umtosen,
In Treu' bleiben wir zum Führer fest.
Streut uns das Schicksal Dornen auch statt Rosen,
Wir halten aus: Und nun erst recht!‹

Ⅶ 810/ 29.3.36 – 60%.¾.

Jn Treue fest zum Führer !

-Zum 29. März 1936-

Der Frühling ist nun eingezogen, es ist erwacht die Natur,
Die trübe Zeit sie ist vorüber,das Neulicht strahlt,die Sonne lacht.
Es tut sich auf die Erde, sie spendet Feld und Flur
Aus dunkler Nacht ein neues Leben, ein strahlend' Licht mit voller Kraft!

Und Frühling ist's im Erdenrund,in allen deutschen Landen,
Das deutsche Volk es ist erwacht zu einem neuen Leben.
Es ist erwökt aus tiefem Schlaf, befreit von Willkür,Schmach und Schanden,
Aus den Ruinen ist erblüht, ein kraftvoll neues Werden!

Wer ist's der dieses grosse Werk dies Wunder hat vollbracht,
Der schuf aus Trümmern ein Gefüge, so felsenfest und eisenhart,
Der gab dem Volk die Ehr' und Freiheit,des Landes höchstes Glück,
Den Glauben an sich selbst, ein Deutschland wie es wieder ist zurück?

Kein König ist's, kein Fürstensohn und auch kein Rittersknab,
Dem man in der Wiege schon das Recht zur Macht mitgab,
Es ist kein Fanfaron auch kein Despot, kein Dämon oder ein Tyrann,
Der rücksichtslos aus Eigennutz die Herrschaft mit Gewalt sich nahm!

Ein Sohn des Volkes ist's aus edlem deutschen Blut,
Mit heisser Lieb im Herzen für Volk und Vaterland!
Sein heil'ger unerschütterlicher Glaube gab ihm die Kraft,den Mut,
Selbstlos und unentwegt zu kämpfen mit starkem Will'n und fester Hand!

Sein Werk ist edel, geformt aus Lieb und eignem Leid,
Gestählt, gefestigt und geheiligt durch des Allmächt'gen Hand.
Die Macht die er besitzet,bedecket nicht der Herrschsucht Kleid,
Gegeben ist ihm diese vom deutschen Volk in Lieb und Treu,als Unterpfand!

Weil dem so ist und er geführet sein Volk durch Nacht zum Licht,
Er selbst von hoher Eh-r' und höchstem Adel, gerecht und schlicht,
Kann ohne Sorge ruhig er legen sein Haupt in jedes Untertann Schoss,
Er braucht nicht feste Burgen, kein Schwert, nicht Knapp' noch Ross!

Darum ist er der "Grosse Führer", des deutschen Volkes Edelstein,
Als Fürst ist er grösser noch wie jeder Fürst auf dieser Welt.
Denn unvergleichbar ist was er geschaffen, durch Mut und Kraft allein,
Kein Schmerz, kein Leid erspart ist ihm geblieben im Kampf für Deutschland
                                              wie es heut' besteht!

Es schaut auf seinen Führer mit Zuversicht das deutsche Volk,
Mit Stolz und Dank im Herzen, in Ehrfurcht, Lieb und ew'ger Treu,
Es schwört Gefolgschaft ihm auf's neue in Freud und Leid,in Not und Tod,
Was er versprochen hat er gehalten,und Deutschland ward durch ihn ganz frei!

Der Führer spricht, die Welt horcht auf, sein ehrlich Wort gilt allen
                                                        Völkern,
Die Ehr' und Freiheit, gleiches Recht, nicht nur für sich in Anspruch
                                                        nehmen,
Er appeliert an die Vernunft, beweist auch, was man hört nicht gern,
Dass andere und n i c h t Deutschland,Recht und Unrecht nicht mehr kennen!

Ost

Viel Mühe machte sich der Verfasser dieses langen Gedichtes, dem er dadurch zusätzliches Gewicht verleihen wollte, dass er sich als »alter Frontkämpfer« zu erkennen gab.

Jst Deutschland ein Vasallenstaat, der nicht Rechte hat nur Pflichten
Und können "andre" lustig brechen Recht, Verträge und die Pakte?
Jst das denn auch noch friedfertig und gleiches Recht für alle,
Wenn die, die das schon längst getan, was Deutschland sich hat auch genommen, und jetzt noch wollen richten?

Mag auch der "hohe Rat" entscheiden, Beschlüsse fassen hier und dort,
Für Deutschland gibt es kein Zurück, nur aufwärts nicht bergab!
Was heute ist, das wird auch bleiben, das ist das letzte Wort:

> " Von deutscher Ehr' und Freiheit, zu Land und Wasser,
> in der Luft, geht, bei aller Friedensliab,
> kein Jota wieder ab!"

Nun ruft der Führer zum Appell, das deutsche Volk zur Wahl,
Entscheiden soll's ob gut ob schlecht, ob Recht hat er getan,
Ob Deutschland frei soll bleiben, ob's wieder sein will ohne Rechte,
Ein Spielball fremder, hass- und neiderfüllter, arroganter Mächte!

Das Volk es schauet unbeirrt, furchtlos und treu auf seinen Führer:

"Dein Wort, Du Führer, ist Deutschlands Wort, wir a l l e sagen "Ja"!
Und wer was and'res denkt und sagt, der ehr- und rechtlos ist viel lieber,
Das ist kein Deutscher, der ist nicht wert mit uns zu leben, auch nur
noch einen Tag!"

Mag's biegen oder brechen, sei's Sturm und Wetterbraus,
Zum Führer steht die Nation, geschlossen wie ein Mann.
Und wär' das Schicksal noch so hart, das Volk hält mutig aus,
Mit Gott, für Führer und für Recht, für Freiheit Ehr' und Vaterland!

> "Wird uns der Sturm auch wild umtosen,
> Jn Treu' bleiben wir zum Führer fest,
> Streut uns das Schicksal Dornen auch statt Rosen,
> Wir halten aus:
>
> "Und nun erst recht!"

Dem grossen Führer und Kanzler des deutschen Volkes
gewidmet zum 29. März 1936,

in Ergebenheit, tiefer Verehrung und

alter Frontsoldatentreue

Emil Mikfeld.

Bad Godesberg am Rhein, Bachstr. 11 a.

Angemerkt sei, dass der alte Frontsoldat Likfeld beim Schmieden seiner Verse offensichtlich auf ein durchaus beachtliches Maß an Bildung zurückgreifen konnte. Unter anderem kannte er offenbar das Anfang des 19. Jahrhunderts von Justinus Kerner gedichtete »Württemberger-Lied«, in dem die deutschen Fürsten ihre Reichtümer vergleichen und letztlich den Herzog von Württemberg zum reichsten unter sich erklären: »Eberhard, der mit dem Barte, / Württembergs geliebter Herr, / Sprach: ›Mein Land hat kleine Städte, / Trägt nicht Berge silberschwer; / Doch ein Kleinod hält's verborgen: / Daß in Wäldern, noch so groß, / Ich mein Haupt kann kühnlich legen / Jedem Untertan in Schoß.‹ / Und es rief der Herr von Sachsen, / Der von Bayern, der vom Rhein: / »Graf im Bart! Ihr seid der Reichste! / Euer Land trägt Edelstein!«

Fred Mandig aus Baden-Baden wähnte in seinem Gedicht »Dem Führer und Reichskanzler«, dass Hitler »von Gott gesandt« sei und die »Auferstehung« des deutschen Volkes ermöglicht habe.[20] »Für des deutschen Volkes Ehr« habe Hitler sein Blut gegeben, behauptete er und glorifizierte damit Hitlers Verletzung im Ersten Weltkrieg, die ihm einen Aufenthalt im Lazarett in Beelitz bei Berlin verschafft hatte:

Du bist der Mann, den Gott gesandt
Als Retter für der Deutschen Land.
Du warst zum Führer ausersehen
Und brachtest uns das Auferstehen.
Du wurdest Retter Deinem Volke
Und kamst, ein Blitz aus dunkler Wolke,
Zu zünden in den deutschen Herzen,
den roten Spuk so auszumerzen.
Du löschtest aus den roten Brand

Und rettetest das Vaterland
Mit treuen Helfern Dir zur Seite,
Die siegen halfen Dir im Streite.
Noch ist der Kampf zu Ende nicht,
Doch wollen wir mit Zuversicht
Und mit Vertrauen zu Dir stehen
Und mutig in die Zukunft sehen.
Du strittest für des Reichs Bestand
Und gabst Dein Blut fürs Vaterland
Und für des deutschen Volkes Ehr,
Aus dessen Reihen kamst Du her.
Das Blut ward nicht umsonst vergossen.
Dem Boden, der es trank, entsprossen,
Den Keimen gleich in trächt' ger Erde,
Die Taten zu dem neuen Werde!
Erstaunt die andern Völker sehen
Des deutschen Volkes neu Erstehen,
Des neuen Reiches starke Macht
Und alles, was du hast vollbracht.
Von all diesen hohen Dingen
Wird man in spätsten Zeiten singen,
Und Deinen Namen fröhlich preisen
In künft'gen deutschen Heldenweisen.

Was mag in Hermann Papenberg aus dem westfälischen Eschenberg vorgegangen sein, als er am 26. März 1936 das im Folgenden abgedruckte Gedicht »Mein Führer«[21] verfasste und Hitler darin mit Attributen bedachte, von denen nicht ein einziges zutraf? Hitler war kein Friedensfürst, sondern hatte von Beginn an die kriegerische Eroberung ganz Europas – mit Ausnahme der Schweiz – im Sinn gehabt. Vor allem im Osten, so meinte

26.MRZ.1936

Präsidialkanzlei
Eing. 26.-MRZ.-1936

Im Reichstag beteuerte Hitler immer wieder seine Friedensliebe.
Viele Deutsche fielen darauf rein und sahen in ihm – wie Hermann Papenberg –
gar einen »Friedensfürsten«.

er, brauche das deutsche Volk Raum. Der »Friedensfürst«, den
Papenberg in Hitler sah, war in Wirklichkeit ein Kriegstreiber
und Mörder.

O du mein Friedensfürst
Der du uns geboren bist
O wie oft gedenke ich dein
Wo mag heut mein Führer sein.
War es an der Saar, war es am Rhein
Du trugst die Sorge um das deutsche Volk allein
Wie oft gedenk ich dir in aller Stille
Mein Führer ist des Volkes Wille.
Ich habe als kleines Kind triumphiert
Es kommt bald Adolf Hitler der uns führt.
Gott der Allmächtige hat es gewollt
Das du mein Führer werden sollst.
Die Vergangenheit hat es dem Volk gezeigt.
Deshalb sind wir auch alle dir geneigt.
Jede Stimme ist nur für dich.
Auch ich verlass dich nicht.

Für Helmut Fienkes aus Bruchsal stand außer Zweifel, dass Hitler mindestens so viele Verdienste um das Glück der Deutschen
hatte wie Gott, weshalb auch beide gleichermaßen zu loben
seien. Am 15. August 1936 huldigte er dem »Führer« in »Des
Deutschen Gebet!«:[22]

Wenn morgens Du vom Schlaf erwachst,
und bist bei allen Sinnen, so sei bedacht,
dass Glück du nur hast,
dann kann Dein Werk beginnen.

Doch denk einmal ganz kurz zurück,
was früher ist gewesen,
vielleicht bist ohne Arbeit du
und ohne Glück gewesen.
Der Führer gab viel Hände Werk,
der Führer gab viel Brot,
drum danke ihm und danke Gott,
sei treu bis in den Tod.
Und wenn Du nachts die Augen schließt,
so ist auch hier Dein Gott,
und wenn du bei der Arbeit bist,
verdienst Dein täglich Brot.
Der Führer kam in höchster Not,
erhielt Dein Brot und Leben,
drum danke ihm und danke Gott,
dann hast du Glück im Leben.

»Ein Sonett an den Führer« verfasste E. Jurima aus Wien am Geburtstag des »Führers« am 20. April 1938.[23] Der Wiener erbat nicht nur etwa Gottes Segen für Hitler, sondern setzte ihn neben oder gar vor Gott. Hitler hatte nur zu »sprechen« und sein Wille geschah, jedenfalls sollten das die Leser des pathetischen Machwerks glauben:

Du bist der eine, den uns Gott gesendet,
Im tiefsten Elend und in größter Not,
Du hast mit kühler Hand die deutsche Schmach beendet,
Nun strahlt der Zukunft helles Morgenrot.

Du bist der Sämann auf der deutschen Erde,
Und Deine Saat schuf uns ein blühend Land,

Du sprachst das Wort, dass Deine Heimat größer werde,
Nun reicht sie bis zum Nordseestrand.

O nenn den König mir, dem solche Tat gelungen!
Du brauchst nicht Szepter und nicht Demantkrone,
Du hast mit Deiner Größe die ganze Welt bezwungen!
Dein Thron steht höher noch als alle Kaiserthrone:
Du hast den Platz im Herzen Deines Volks errungen,
Nun wird der Dank Großdeutschlands Dir zum höchsten Lohne.

Dem Parteigenossen Gerd Gernhardt aus Darmstadt erschien Hitler in seiner krankhaften Verehrung gar als »heilig(es)«, »von Gott geführte(s)« Schwert, wie er am 6. Oktober 1938 unter dem Titel »Mein Führer!« zum Ausdruck brachte:[24]

Du blanker Schild, Du Träger Deutscher Ehre,
Du bist das Licht, das über Deutschland wacht.
Und, dass wir unseren Glauben wiederfanden,
Hast Du vollbracht!
Du heilig Schwert, von Gottes Hand geführt,
Stehst Freiheit schirmend über deutscher Saat.
Und dass ein starkes Deutsches Volk erwachte,
ist Deine Tat!
Sieg Heil! Mein Führer!

Der Glaube, den Gernhardt wiedergefunden hatte, war sicher nicht der christliche.

Adelheid Heinz, die gar einen »hellen Schrei der Freude« ausstieß, wenn sie an den »Führer« dachte, machte in ihrem Gedicht »Dem Führer zum 14. März 1938« deutlich, dass sie Hitler für den von Gott gesandten Erlöser hielt:[25]

Freude! Heller Schrei der Freude!
Jubelnd, heißer inniger Dank
Liebe ohne Hass und feste
Treue ohne Untergang
Dir, o Führer und Befreier,
Edler Kämpfer, mächt'ger Held;
Einzger Aufschrei der Gequälten
Und Erlösten Dich umgellt.
Ein'ges, starkes großes Deutschland
Und des Nachbarn Freundeshand:
Herr, mein Gott, wie soll ich danken,
dass Du es so gut gewandt.

»Zum 48. Geburtstag unseres Führers« im Jahr 1937 brachte Willy Haller aus Ratingen, die folgenden Zeilen zu Papier, in denen er Gott darum bat, weiterhin die Hand über Hitler zu halten:[26]

Gott schuf in der Erde das Eisen-Erz
Und gab den Menschen zum Schutze das Schwert,
ein Krieg ging zu Ende, mit ihm das scharfe Schwert
Wir Deutschen sollen ja zu Sklaven werden
der anderen auf der Erd'.
Die Vorsehung gab uns einen Mann eisenhart
für solche Stunden der Schande und Schmach
Er gab uns wieder die deutsche Ehr, Freiheit, Frieden und Wehr
wir gedenken am Geburtstage heute sein
Gott wolle, dass er noch recht lange unser Führer sei.

Zum Schluss sei noch ein besonders skurriles Gedicht zitiert, dessen nicht genannter Autor Hitler als »Gotteskämpfer« und

»Gottes-Siegfried« titulierte. Er zeigte sich überzeugt, dass »der Allerhöchste« eine Wende im Kriegsgeschehen vorbereitet habe und Hitler nur noch Gottes Befehle ausführen müsse, um die Feinde endgültig zu besiegen. Der offenbar geistig verwirrte Dichter wollte dem »Führer« alles Weitere in einer persönlichen Unterredung mitteilen, die ihm jedoch sicher nicht gewährt worden ist:[27]

Der Allmächtige
der Sie als Gotteskämpfer,
zum Retter und Führer des
deutschen Volkes erkoren hat,
dem Sie allein gehorchen, wird
durch die Majestät Seines
göttlichen »Ich bin's«
Ihnen klar und heilig zeigen,
dass die Besiegung der Bestie
in uns selbst der einzige, von
ihm, durch Christus gelehrte und
gelebte unfehlbare Weg ist,
die Bestie, die diesen Krieg ver-
ursacht hat, auch in anderen
an die Kette zu legen u. zu besiegen.

II. Wie Sie, durch den Allmachts-Be-
fehlswillen, Willenshindernisse
tapfer und voll bezwungen haben,
und uns allen so ein strahlendes
Vorbild geworden sind, so
werden die Tapferen der 80
Millionen Deutschen Ihnen

jubelnd folgen, den großen
Endsieg erringen zu helfen.
Nur so kann das Reich der
Gerechtigkeit für alle ersiegt
werden, welches das ganze
nationalsozialistische
Aufstiegswerk göttlich krönt.
Ihre Erklärung
vor dem ganzen deutschen Volk,
macht alle Pläne der verbrecherischen
Gegner unfehlbar zu-
nichte, wenn Sie Gottes Befehl ausführen.

III. Wie die Außenarmee den
Außenfeind zerschlägt, wird
die Geister-Innenarmee
den weit gefährlicheren Innen-
Feind niederringen u. besiegen.
Die Kapitelfolge des Volks-
Wegweisers zeigt, wie in wenigen
Wochen das ganze deutsche Volk
ein unbesiegbarer
Gottes-Siegfried
Die Kette um den teuflischen
Herrschgierdrachen zu werfen
bereit sein wird.
In allen Feindeslagern u. Synagogen
beginnt dann die Panik u. das Entsetzen,
weil sie diesem Siegesorkan des
Beweisbarguten garnichts entgegen-
zustellen im Stande ist.

Auch Hohn u. Spott
nützen nichts mehr.

IV. Ich weiß, hochverehrter Führer,
dass jede Minute Ihrer Zeit von
gewaltigen Verantwortungen er-
füllt ist, aber viele sehen ratlos
u. verzweifelt, wie der Feind in das
deutsche Reich eingedrungen ist
u. jede Verzögerung kann sich,
da die Helden stündlich fallen,
verhängnisvoll auswirken.
Ich bitte daher, mir so bald
als möglich eine Unterredung
zu gewähren, dass ich mit Ihnen
den raschmöglichsten Weg zur
Mobilmachung der seelischen
Kräfte Deutschlands vereinbaren darf.
Der Allerhöchste hat Alles vorbereitet,
dass der Paragr. 24 des nat. soz.
Programms[28] so machtvoll verwirk-
licht wird.
Da mehrere Edle Ehen und Familien
einen Kern zur Durchführung dieses
Siegeswillens zu bilden bereit sind,
wird diese Bewegung durch Ihren
Feldherrnblick das ganze Volk aus
der Jahrtausendherrschaft der
Selbstsucht dem göttlichen Erlösungs-
jubel entgegenführen!!

V. So erfüllt das deutsche Volk
durch Ihre Führung, wie Sie
prophezeit haben, seine hei-
lige Mission durch
das Hakenkreuz, das den
Erdball dreht
das zwischen Äquator und Weltpolen steht.
Die Sonne des Siegs, die nie untergeht,
weil unser Volk durch Gottesmacht
als Völkervorbild aufersteht –
Erhört des Führers Herzblutgebet!
Das ist die Gottgewollte Kriegeswende –
Das ist des Erdballkrieges großes Ende:
Nun, Völker! Reicht zum Ewgen Bundes
Euch die Hände! Amen!

Hitlers Niedergang

Lobgesänge nur noch von den »Profis«

Wenngleich im Fokus dieses Buches Gedichte von Normalbürgerinnen und Normalbürgern stehen, soll doch im Folgenden zumindest ein kurzer Blick auf das »Schaffen« der professionellen, »hauptamtlichen« Dichter geworfen werden. Während regimekritische Schriftsteller im sogenannten »Dritten Reich« kaum Möglichkeiten zum Arbeiten und gar keine gar zum Veröffentlichen ihrer Werke hatten, gab es eine Reihe von Literaten – richtiger: Propagandisten und Lohnschreibern –, die sich – kontrolliert von Goebbels' Reichskulturkammer – aus voller Überzeugung zum Werkzeug der Nationalsozialisten machten.

Als das Alltagsleben der Deutschen in zunehmendem Maße von den Auswirkungen des Zweiten Weltkriegs beeinträchtigt wurde, nahm die Neigung, Lobeshymnen zu verfassen und Reime für den »Führer« zu schmieden, in der Bevölkerung merklich ab. Die Zahl der von Privatleuten an Hitler und das Reichspropagandaministerium gesandten Gedichte, wie auch die Menge der Bevölkerungspost insgesamt, ging im Lauf der 1940er-Jahre zurück. Jetzt schlug die Stunde der professionellen »Hofpoeten«, deren Verse umso hymnischer wurden, je ungünstiger sich die Situation für Deutschland an den Fronten entwickelte.

Der NS-Führung war die symbolische Bedeutung solcher Lobgedichte natürlich bewusst, weshalb sie sie bei weniger willfährigen Schriftstellern auch unverhohlen einforderte, wie

der in die »innere Emigration« gegangene Hans Carossa (1878–
1956) in seinen Erinnerungen lebendig schildert: »Zu Beginn
des Jahres 1939 empfing ich zwei amtliche Briefe, die beide einen Glückwunsch zu Hitlers Geburtstag verlangten. Derglei-
chen Huldigungen wurden damals wie Steuern eingetrieben,
und in diesem Fall mit besonderem Nachdruck, denn dieser
Geburtstag war einer von denen, welche Rilke die ›betonten‹
nannte: der fünfzigste. Eine bloße Gratulation wurde leider von
vornerein als ungenügend bezeichnet; sie sollte mit einem
klaren Bekenntnis zum Führer verbunden sein. Das öfters be-
währte Schweigeverfahren blieb erfolglos; die Mahnungen trafen pünktlich ein. Ich suchte mir dadurch aus der Verlegenheit
zu helfen, dass ich es vermied, das gefährliche Geburtstagskind
unmittelbar anzureden. Ich stellte aus einigen meiner Bücher
Zitate von allgemeiner Gültigkeit zusammen und ergänzte sie
durch den Schluss, der Dichter, der Künstler habe im Bereich
seiner Arbeit den eigenen schmalen abseitigen Weg mit der gleichen Entschiedenheit zu gehen wie draußen auf dem Kampf-
platz irdischer Gewalten der Mann der Tat den seinigen.«[1]

Anderen Autoren fiel es leichter, Loblieder auf den »Führer«
zu singen – etwa den 40 Beiträgern zum Gedichtband »Dem
Führer«, der pünktlich zum 50. Geburtstag Hitlers erschien.[2]
Auch Dichter wie Wolfram Brockmeier (1903–1945), von jeher
glühender Hitler-Anhänger, seit 1935 Leiter der Fachabteilung
Lyrik in der Reichsschriftumskammer und seit 1942 Referent
im Reichpropagandaministerium, publizierten in den 1940er-
Jahren immer wieder Weiheverse wie das folgende Gedicht
»Der Führer«:[3]

Einer muss sein, der für alle die Träumenden denkt,
Einer muss sein, der die Schritte der Vielen lenkt.

Die Werke des NS-Dichters Wolfram Brockmeier erlebten zahlreiche Auflagen.

Einer muss sein, der alle zusammenreißt,
Der das vielfache Wollen zu einem verschweißt.

Einer muss sein, der das Schicksal des Volkes hält,
Der sich entscheiden kann und die Entscheidung fällt.

Einer muss sein, dessen Sinn in die Zukunft zielt.
Viele marschieren, doch einer muss sein, der befiehlt.
Der Führer!

Aus Brockmeiers 1943 erschienenem Band »Du Deutschland, du wirst ewig bleiben«, einer Neuauflage von »Ewiges Deutschland«, stammt das Poem »Der Führer rief«:[4]

Befehl erscholl; wir traten an.
Du blicktest ernst und gläubig her
Und so wie Du nahm stumm und schwer
Dein Volk die Bürde, Mann bei Mann.

Nun trägt ein jeder still mit dir
An unsres Schicksals Stolz und Last.
Du riefst uns auf, wir riefen. Hier!
Das ganze Volk hat Tritt gefasst.

Das ganze Volk begann den Lauf,
den Gott in Dir ihm aufgezeigt.
Du riefst zu großem Ziel uns auf,
und Deutschland folgt, dass Deutschland steigt!

Bereits in diesem Gedicht werden erste Durchhalteparolen sichtbar, nichts ist mehr geblieben von der Euphorie, mit der einst der »Führer« gefeiert wurde. Stolz paart sich nun mit der (Kriegs-)Last, an der gefälligst alle tragen sollten. Denn – so Brockmeier – als der »Führer« gerufen habe, hätten schließlich alle »Hier!« gerufen.

Geradezu mystische Kräfte schrieb Brockmeier Hitler in seinem Gedicht »Der Führer spricht im Funk« zu.[5] Er beschrieb darin die besondere Wirkung von Hitlers Stimme, der ja Millionen Deutscher erlegen waren. Sein besonderes Talent für Rhetorik und Demagogie hatte Hitler schon früh durch Schauspielunterricht gefördert und im Laufe der Jahre perfektioniert. Seine Reden waren effektvoll inszeniert und es gelang ihm, die Zuhörer und vor allem die Zuhörerinnen massenhaft in seinen Bann zu schlagen.

Seine schnarrend aggressive Rhetorik, gepaart mit einer überzogen pathetischen Mimik und Gestik, wirken heute eher wie eine groteske Parodie; im privaten Gespräch jedoch, das nicht aufgezeichnet wurde, soll seine Stimme ausgesprochen satt und sonor geklungen haben.

Sie saßen zu viert in der Kammer,
Ein jeder trug schwer seine Not.
Sie sprachen von Deutschlands Jammer
Und vom Kampf um Arbeit und Brot.

Sie dachten der Jahre im Felde,
des Blutes, das danklos floss.
Sie sahn die Gier nach dem Gelde
Und blutfremden Volkes Tross.

Da erstand eine Stimme im Raume,
Die war dunkel und groß und stark,

Und sie schraken empor aus dem Traume
Und spürten sich beben im Mark.

Sie saßen und lauschten beklommen,
Als längst schon die Stimme entschwebt,
Weckruf war hergekommen.
Und sie standen, vom Glück benommen,
Und wussten, dass Deutschland lebt.

Auch der Schriftsteller Hermann Claudius (1878–1980) verherrlichte bereitwillig das NS-Regime. Der Urenkel von Matthias Claudius gehörte zu den 88 Schriftstellern, die 1933 Hitler die Treue geschworen hatten, und erhielt während des Nationalsozialismus zahlreiche Auszeichnungen. Er schrieb häufig in Plattdeutsch und war Vorstandsmitglied des 1936 gegründeten Eutiner Dichterkreises. Im Jahr 1940 widmete er Adolf Hitler das Gedicht »Deutschland«:[6]

Herrgott
steh' dem Führer bei
dass sein Werk das Deine sei,
Herrgott steh dem Führer bei!
Herrgott,
steh' uns allen bei,
dass sein Werk das unsre sei.
Herrgott, steh' uns allen bei.

Dietrich Eckart (1868–1923) war einer der frühen Mentoren und Berater Hitlers. Der radikal antisemitisch eingestellte Publizist stieg 1921 zum ersten Hauptschriftleiter des NSDAP-Organs »Völkischer Beobachter« auf. Hitler rühmte ihn in seinem

Buch »Mein Kampf«, er habe »sein Leben dem Erwachen seines, unseres Volkes gewidmet«.[7] 1921/22, kurz vor seinem Tod hatte Eckart das »Sturmlied« verfasst. Die Melodie stammt von Hans Ganßer:

Sturm! Sturm! Sturm! Sturm! Sturm! Sturm!
Läutet die Glocken von Turm zu Turm,
Läutet, dass die Funken zu sprühen beginnen,
Judas erscheint, das Reich zu gewinnen,
Läutet, dass blutig die Seile sich röten,
Rings lauter Brennen, Morden und Töten
Läutet Sturm, dass die Erde sich bäumt,
Unter dem Donner der rettenden Rache:
Wehe dem Volk, das heute noch träumt!
Deutschland, erwache! Erwache!

Sturm! Sturm! Sturm! Sturm! Sturm! Sturm!
Läutet die Glocken von Turm zu Turm,
Läutet die Männer, die Greise, die Buben,
Läutet die Schläfer aus ihren Stuben,
Läutet die Mädchen herunter die Stiegen,
läutet die Mütter hinweg von den Wiegen.
Dröhnen soll sie und gellen, die Luft
Rasen, rasen im Donner der Rache
Läutet die Toten aus ihrer Gruft!
Deutschland, erwache! Erwache!

Sigmund Graff und der »Marschtritt der Bataillone«

Zu den eifrigsten und produktivsten Verehrern Hitlers gehörte Sigmund Graff (1898–1979). Der Sohn eines Rechtsanwalts war als Freiwilliger im Ersten Weltkrieg, studierte später Nationalökonomie und gehörte zum Umfeld von Stahlhelm-Bundesführer Franz Seldte. Graff trat 1937 in die NSDAP ein, avancierte 1939 zum Regierungsrat im Propagandaministerium und war schließlich Mitarbeiter des Reichsdramaturgen Rainer Schlösser. Nach dem Krieg stellte sich Graff als »Widerständler« dar, was angesichts seines Werdegangs wenig glaubhaft erscheint. Er veröffentlichte unter anderem die Bücher »Unvergesslicher Krieg« (1936), »Westwall. Wall der Herzen« (1940) und »Über das Soldatische« (1943). Im Vorwort zu der von ihm zusammengestellten Anthologie »Eherne Ernte« verherrlichte Graff die Gattung des Kriegsgedichts:

> »Die neue Form des Krieges hat den seit Herbst 1939 entstandenen Gedichten vielfach auch neue Inhalte gegeben. Die technischen Waffen, das U-Boot, der Flieger und seine Maschine sind selbstverständliche Stoffe der lyrischen Dichtung geworden. Dennoch erweist ein Überblick über das Gesamtschaffen deutlich, dass das dichterische Grunderlebnis nach wie vor von dem kämpferischen Menschen und seinem Geist ausgeht. Der einzelne Mann und Kämpfer steht allen anderen voran. Der altvertraute Marschtritt der Bataillone und Regimenter bestimmt auch heute noch den Rhythmus der Kriegsdichtung. Das Gewehr als Waffe ist ihr großes Symbol geblieben. – Es versteht sich, dass ich in die vorliegende Sammlung nur aufgenommen habe, was mir besonders gekonnt und vor allem in Gefühl und Ausdruck wahrhaftig erschien, das, worin wir uns selbst erkennen und den echten Geist und Herzschlag einer ehernen Zeit verspüren.«

In seine Sammlung von »Edelfrüchten der Dichtung« nahm Graff Gedichte auf wie Hans Baumanns »Nun lasst die Fahnen fliegen!«:[8]

Eherne Ernte

Gedichte im Krieg
1939/1941

Gesammelt und herausgegeben

von

Sigmund Graff

J. F. Lehmanns Verlag München · Berlin
1941

Sigmund Graff versammelte Lobgesänge auf den millionenfachen Tod an den Fronten.

Nun lasst die Fahnen fliegen
in das große Morgenrot,
das uns zu neuen Siegen
leuchtet, oder brennt zum Tod.

Denn: mögen wir auch fallen –
wie ein Dom steht unser Staat.
Ein Volk hat hundert Ernten
und geht hundertmal zur Saat.

Deutschland, sieh uns, wir weihen,
dir den Tod als kleinste Tat.
Grüßt er einst unsre Reihen,
werden wir die große Saat.

Drum lasst die Fahnen fliegen
in das große Morgenrot,
das uns zu neuen Siegen
leuchtet, oder brennt zum Tod.

Als »Homer der SA« galt der Dichter Herybert Menzel (1906–1945). 1933 verfasste er unter anderem das Gedicht »Im Marschtritt der SA«:[9]

Im Stadion Millionengewimmel
Und Fahnen stehn wie ein Wald.
Sie blicken alle zum Himmel.
Nun kommt der Führer bald.

Von Menzel stammen auch die von Kitsch triefenden Verse »Vom Bild des Führers«:

Wenn ich nur zweifle, schau ich auf dein Bild,
Dein Auge sagt mir, was allein uns gilt.
So manche Stunde sprech ich wohl mit dir,
Als wärst du nah und wüsstest nun von mir.
Wo immer einer still wird vor der Tat,
Er kommt zu dir, du bester Kamerad.
In deinem Antlitz steht es ernst und rein,
Was es bedeutet, Deutschlands Sohn zu sein.

»Gottbegnadete« Dichterin

Die ostpreußische Heimatdichterin Agnes Miegel galt vielen als »literarisches Aushängeschild« des NS-Regimes. Auch sie hatte 1933 das »Treuegelöbnis« von 88 deutschen Schriftstellern für Hitler unterzeichnet, trat 1940 in die NSDAP ein und erhielt im selben Jahr den Goethe-Preis der Stadt Frankfurt am Main, in dessen Verwaltungsrat seit 1935 sowohl Heinrich Himmler als auch Joseph Goebbels saßen.

Im August 1944, in der Endphase des Zweiten Weltkrieges, wurde sie von Hitler als »überragendes nationales Kapital« in die so genannte »Gottbegnadeten-Liste« aufgenommen, eine Gruppe von gut 1 000 Künstlern, die dem NS- Regime als unverzichtbar galten und daher von sämtlichen Kriegsverpflichtungen befreit waren.

Trotz ihrer glorifizierenden Hymnen auf Adolf Hitler und der zeitweiligen Hinwendung zu Blut-Boden-Themen wurde Agnes Miegel später in der Bundesrepublik durch zahlreiche Denkmäler und Straßenbenennungen geehrt. Zu ihrem hundertsten Geburtstag im Jahr 1979 gab die Deutsche Bundespost sogar eine Sonderbriefmarke heraus.

In ihren Weiheversen »Dem Schirmer des Volkes« hatte sie 1938 Hitler mit folgenden Worten gehuldigt:[10]

Agnes Miegel – von Hitler auf die Liste der gottbegnadeten Künstler gesetzt, von der Bundespost 1979 mit einer Sonderbriefmarke geehrt.

Lass in deine Hand,
Führer, uns vor aller Welt bekennen;
Du und wir,
nie mehr zu trennen
stehen ein für unser deutsches Land.

Ein Jahr zuvor hatte sie bereits das Gedicht »Dem Führer!« verfasst:[11]

Von seiner Feinde Fängen fast vernichtet,
Adler, seiner Schwingkraft beraubt,
der auf Flug und Freiheit schon verzichtet
lagst du Deutschland blutend und bestaubt
Als sein großes Herz an dich geglaubt!

Aus dir, Wolf[12], wie wenn die Nacht sich lichtet,
Meereswoge hebt verhülltes Bild,
stieg er auf.

Und seines Namens Schild
Hat er schirmend vor dir aufgerichtet.

Neid hat er und Bruderhass gestillt
Unsre Herzen, hart von Not und Krieg
Hat er mit feinen glühenden, glaubensvollen
Worten er durchpflügt wie Ackerschollen
Bis ein neuer Frühling aus uns stieg.

Unsere Stirnen, die so tief geneigt,
richteten sich auf seinem Kahn
und wir sahn
wie Erwachsende, von ihm gezeigt,
ew'ger Sterne Unvergänglichkeit
und das Frührot seiner neuen Zeit.

Erde, wie ein Witwerschoß verdorrte,
mütterliche Erde, neu verehrt,
trug, verjüngt von feinem Worte,
Korn und Rinder.

Und er gab der Schönen
Herd und Spindel wieder.
Gab den Söhnen
Wieder aus vergessenem Väterhorte
In die Hand den Spaten und das Schwert.

Und er lehrte dich, o Wolf, erkennen:
Du bist aller Zukunft Herz und Pfand!
Wenn aus deinem First die Flammen steigen,
wird des weißen Mannes Welt entbrennen,
wenn sich deine Sonnenfahnen neigen,
sinkt die Nacht über das Abendland!

Lass in deine Hand
Führer! Uns vor aller Welt bekennen:
Du und wir
Nie mehr zu trennen,
stehen ein für unser Land!

Im Jahr 1940 richtete Miegel die folgenden Zeilen »An den Füh-rer«:[13]

Nicht mit der Jugend
Überschäumenden Jubel erlebe ich das Wunder
Deines Kahns
Mit dem schweigend ehrfürchtigen Staunen
Leidgeprüften Herzens geläutert im Opfer,
Das seiner Kindheit Welt in Krieg und Stürmen
Vergehn sah, –
Und das anders, groß und glühend ergriffen,
Stumm dich begrüßte!

So mit jedem Morgen fühl ich's auf's neue –
Wenn in der Tiefe der Nacht, aus der Tiefe des Herzens
Schweres Erinnern stieg, wie Schatten mich ängstend.
Krieg und Aufruhr und grauer Tag Verzweiflung,
Untergangsnot und Schreckbild verkommener Jugend –

O Befreiung, zu spüren im Licht der Frühe,
All dies ist fern und für immer vergangen!
Fortgewischt wie Tränen vom Antlitz der Witwe
Von deinen Händen!
Übermächtig
Füllt mich demütiger Dank, dass ich dies erlebe,
Dir noch dienen kann, dienend den Deutschen
Mit der Gabe, die Gott mir verlieh!

Dass die Meinen
Die Gefallenen, geliebten Gefährten der Kindheit,
Dass die Toten, die Dein Kommen ersehnten,
Dass die Ahnen, deren verlassene Heimat
Wiedergekehrt durch Dich, –
Dass sie alle
Mir in der Seele, mir im Blute noch lebend,
Mit Dir mich segnen!
Nicht der Jugend brausendes Überschäumen
Kann ich Dir geben.
Doch ich liebe das Leben.
Wie nur der es liebt, mit dem alle der Seinen
Fortgehn von Heimat und Volk. Heimkehrend zur Erde.
Daraus sie fliegen.
Doch dies wäre
Höchste Erfüllung mir und Ehre der Ahnen:
Heiliger Fackel, nie mehr weitergereichte,
Dir zu opfern.

»Bekenntnis der Gefolgschaft«

Zur Verherrlichung des »Führers« trug auch der Schriftsteller Gerhard Schumann (1911–1995) bei. Mit Studienbeginn war er

1930 in die NSDAP, den Nationalsozialistischen Studentenbund und in die SA eingetreten, 1935 erhielt er den Schwäbischen Dichterpreis und ein Jahr später den Nationalen Buchpreis. Mitte der 1930er-Jahre begann auch seine Karriere als Kulturfunktionär, unter anderem im Reichskultursenat und der Reichsschrifttumskammer. 1944 gab er die Anthologie »Lyrik der Lebenden« heraus; zu seinen weiteren Gedichtbänden zählen: »Fahne und Stern« (1934), »Schau und Tat« (1940) und »Wir dürfen dienen« (1941). Charakteristisch ist seine 1940 veröffentlichte Hitler-Ode »Einsamster du ...«:[14]

Einsamster du, welch Schicksal uns erwähle,
auf deine Schultern ist es schwer gelegt.
Wir schaun auf dich. Wir warten auf Befehle,
Gespannt und stumm, bis feurig deine Seele
Den Blitzstrahl der Entscheidung aus sich schlägt.

Du sprichst zu uns. Du weckst aus uns Gewalten.
Wer aber redet zu dir? Du stehst dort,
wo über Gipfeln Schicksals-Mächte schalten.
Mit ihnen musst du einsam Zwiesprach halten,
entlauschen ihnen Gottes stilles Wort.

Dies Wort sagst du uns. Und wir dürfen bauen,
Vom Werk besessen und befreit zugleich.
Du magst getrost von deiner Höhe schauen.
Ein Herzens-Ring aus Liebe und Vertrauen.
Einsamster du, war einer je so reich?

Sein »Bekenntnis« zu Hitler kleidete Schumann in die folgenden Worte:[15]

GERHARD SCHUMANN

Bewährung

GEDICHTE

Gerhard Schumann gehörte zu den produktivsten Verherrlichern Hitlers.

Einer: Wir haben dein Wort gehört!
Chor: Führer!
Einer: Jedes Herz schlägt und schwört!
Chor: Führer!
Einer: Verflucht, wer die Arbeit stört!
Chor: Führer!
Einer: Du bist das Ganze!
Chor: Führer!
Einer: Wir sind dein Teil!
Chor: Führer!
Einer: Dein Werk und dein Reich
Sieg
Alle: Heil!
Einer: Sieg
Alle: Heil!
Einer: Sieg
Alle: Heil!

Aus jeder Zeile dieses Textes spricht die Bereitschaft, sich als Individuum aufzugeben. Hitler war – wohl nicht nur für Schumann – das »Ganze«, der Einzelne nur noch ein Teilstück und damit austauschbar.

Ebenso ungeheuerlich wie typisch für die Gedankenwelt der Verherrlicher Hitlers ist Schumanns Gedicht »Schwur«:[16]

Die Grenzen dunkeln und drohen
Von Wettern, und Blitze lohen.
Dämonen schüren den Brand.
Wir aber stehen mit hohen
Herzen und tatenfrohen
Händen zu Führer und Land.

Sie können das Reich nicht zerstören.
Denn hinter der Stahlwucht der Wehren
Schlägt ein Herz, ein gläubiges, stilles.
Flammt ein todentschlossenes Schwören.
Die staunende Welt mag es hören.
Der Führer befiehlt: Gott will es!

Der »Führer«-Wille wurde hier dem Willen Gottes gleich gesetzt. Befremdlich mit Blick auf die antichristlichen Tendenzen des Nationalsozialismus erscheint der Bezug auf die Losung »Gott will es!« (»Deus lo vult«), mit der Papst Urban II. im Jahr 1095 auf der Synode von Clermont zur Befreiung Jerusalems und damit zum ersten Kreuzzug aufrief. Der Ausdruck zeugt von einem religiösen Sendungsbewusstsein, das zur Erreichung seiner Ziele auch Gewalt einzusetzen bereit war. Diese wurde – in völliger Verdrehung der Tatsachen – als Verteidigung bzw. Rückeroberung widerrechtlich angeeigneter Gebiete für sittlich vertretbar, ja sogar für gottgewollt gehalten.

Auch Herbert Böhme (1907–1971) wirkte in einer Doppelfunktion als Dichter und Kulturfunktionär. Er war Mitglied von NSDAP und SA und arbeitete nach 1933 als Abteilungsleiter Reichssender Berlin. 1935 wurde er Hauptschriftleiter in der Reichsleitung der NSDAP und Leiter der Fachschaft Lyrik der Reichsschrifttumskammer. Ab 1937 war er als Lektor des nationalsozialistischen Franz-Eher-Verlags tätig. Böhme schrieb unzählige Gedichte, die Titel trugen wie »Bekenntnis zum Führer«, »An Adolf Hitler« oder schlicht »Adolf Hitler«. »Bekenntnis der Gefolgschaft« heißen die folgenden Zeilen:[17]

Groß steht Dein Wort wie eine wilde Fahne
Hochaufgerissen in geballter Faust,

dem Sieg zu dienen, der den Frieden bringt.
Und tausendfältiges Geschrei erstickt
Im Atem Deines schwurgewordenen Fluchs:
Den Hass der Völker endlich zu bezwingen.

Noch trägt Europa im Gewand das Schwert,
Du aber wächst mit ungeahnter Kraft
zu der ein Gott Dir Mut und Glühen gab
in das Gebälk des werdenden Jahrhunderts
und schwingst die Glocke großer Gläubigkeit
Und wie ein Türmer kündest du der Welt
die Morgenröte eines neuen Tags,
da nur die Ehre Recht und Freiheit spricht.

Und wer zu Deinem Orden sich bekennt,
im Blut verwand, wächst zur Verschwörung auf,
und jauchzend aus dem jäh beschenkten Herzen
des freien Volkes wächst der Widerhall
des Führerrufs und schwingt sich himmelan:
Wir danken Gott, wie wir ihm dienen dürfen,
und wo Dein heißgeglühtes Wort befiehlt.
Du, Führer, führe uns, wir folgen Dir.

Gedichte »mitten im Schicksalskampf«

1943 veröffentlichte Gerhard Schumann eine Sammlung von Gedichten, die er mit »Ring des Jahres« überschrieb. Im Nachwort zu dem Band zeigte er sich von der durch ihn selbst getroffenen Auswahl geradezu überwältigt:[18] »*Gerade heute, mitten im Schicksalskampf des deutschen Volkes, musste die Stimme der Dichter Kraft und Trost, Auferbauung und Gläubigkeit in die Herzen der kämpfenden Front und Heimat tragen wie nie zuvor. Das Tiefste und*

Feder und SCHWERT

II. Teil

Von Herbert Böhme

Heft 7/II

VOLKSDEUTSCHE HAUSBÜCHEREI

Die Dichtkunst stellte sich bereitwillig in den Dienst der Kriegstreiber – ungeachtet des Titels dieser Gedichtsammlung war im »Dritten Reich« das Schwert beherrschend, nicht die Feder.

Edelste, das Größte und Innigste war hier gerade gut genug. (...) Bei der Beschäftigung mit dem Werk hat mich immer wieder ein Gefühl stolzer Freude und unbedingten Glaubens durchdrungen. Ein Volk, das auch in seiner harten Gegenwart über so vielfältige Kräfte der Seele und des Geistes, zarte und innige, trotzige und starke, vertrauende und gläubige, verfügt, ist von keiner Macht dieser Erde zu bezwingen, ist unsterblich!« Natürlich gehörte auch eins seiner eigenen Gedichte zu dieser Auswahl des »Größten und Innigsten«:[19]

Führer

Der Schmerz, den schweigsam dieses Volk erträgt,
ist auch sein Schmerz.
Die Kugel, die ein tapferes Herz zerschlägt,
trifft auch sein Herz.
Vom Leid, das hohe Stirnen herb versteint,
er weiß davon.
Der Sohn, den eine Mutter still beweint,
ist auch sein Sohn.
Ihr Totenmal – ihr feurig Lebensmal
türmt er zugleich
hoch über Grab und Gram und Tod und Qual:
Das Reich.

Auch der Schriftsteller Eberhard Wolfgang Möller (1906–1972) war mit einer Hymne auf Hitler vertreten, dem der Autor »Unsterblichkeit« bescheinigte:[20]

Der Führer

Du großer Gärtner, der in seinem Garten
vollenden sieht, was er mit Fleiß begann,
Die Straße braust vom Sturme der Standarten,

doch in der Stille wächst die Zeit heran.
Und deine Bäume werden groß und breiten
die hohen Kronen über deinem Haupt.
Jahrhunderte vergehn, doch Ewigkeiten
noch werden glauben, woran du geglaubt.
Dann wirst du tief in ihrem Schatten sitzen
und wissen: alles, was du pflanzest, lebt,
indes sich über den begrünten Spitzen
die Sonne der Unsterblichkeit erhebt.

Der zu Recht weitgehend in Vergessenheit geratene Hanns
Jobst besang in seinem in der Sammlung enthaltenen Gedicht
den »Dombau zum Dritten Reich« und träumte vom Lächeln
des Führers:[21]

Dem Führer

Eine Faust zertrümmerte Träume
unwürdig deines Schlafes, schlummerndes Deutschland!
Ein Wort sprang auf – stolz, klar und frei –
wurde Sprache, Gesetz und Macht.
Sprengte der Bedenken verängstete Räume,
und ein Volk, von deinem Gesicht überlichtet, erwacht!

Ein erwachtes Volk schaut auf und schaut ein Gesicht.
Es dient dem Gesetz und der Übermacht
einer Liebe, die Deutschland, nur Deutschland heißt.
Ein Lied lobsingt, ein Lied lobpreist,
die Arbeit zerbricht als drückende Fron,
die fröhliche Arbeit wird herrlicher Lohn.
Und alle Hände, brüderlich gleich,
wirken am Dombau zum Dritten Reich.

Und aus der Tiefe steigt es empor,
und immer höher treibt es der Chor
dem Segen des Führers entgegen.
Und Führer und Himmel sind ein Gesicht.
Im Glockenstuhl schwingt das beseelte Erz,
Erde und Himmel haben ein Herz,
das deutsche Herz dröhnt im jungen Licht!
Und Volk und Führer sind vermählt.
Das Dritte Reich, versteint, gestählt,
steht festgefügt im Morgenglanz,
umbaut als köstliche Monstranz
dein glücklichstes Lächeln, mein Führer!

Ein Dom war auch das Thema im Beitrag des dichtenden NS-Funktionärs Carl Maria Holzapfel (1890–1945):[22]

Einer baut einen Dom
Einer baut einen Dom
– nicht aus Marmor
mit bunten Fenstern
und Kerzen –
Einer baut einen Dom
aus dem Blutstrom
lebendiger Herzen!
Einer baut einen Dom!
Er wirft seine Flamme
mitten hinein in die Finsternis
der verratenen Zeit,
kündet der Ewigkeit Wort
vom artreinen Stamme,
entzündet der Urkräfte

magischen Strom.
Was schichtet ihr Wall auf Wall
gegen ihn, Deich auf Deich?
Ihr Toren, ihr Toren!
Ihr bringt des Blutes lebendigen Dom
nicht zu Fall,
der sich höher und höher erhebt
zum ewig unsterblichen Reich!

Zum Schluss sei noch ein Poem des oben bereits erwähnten Herbert Böhme aus der Sammlung zitiert:[23]

Der Führer
Eine Trommel geht in Deutschland um,
und der sie schlägt, der führt,
und die ihm folgen, folgen stumm,
sie sind von ihm gekürt.
Sie schwören ihm den Fahnenschwur,
Gefolgschaft und Gericht,
er wirbelt ihres Schicksals Spur
mit ehernem Gesicht.
Er schreitet hart der Sonne zu
mit angespannter Kraft.
Seine Trommel, Deutschland, das bist du.
Volk, werde Leidenschaft.

Selbsterniedrigung auch im Kommunismus

Die Verherrlichung von Diktatoren und Diktaturen durch Gedichte ist keine »Erfindung« der Nationalsozialisten. Dieses Ausdrucksmittel ist gewissermaßen systemimmanent und wie kein anderes geeignet, um Unterwürfigkeit zu beweisen. Dabei spielt es letztlich keine Rolle, ob der nationalsozialistische oder der kommunistische Despot verherrlicht wird. Johannes R. Becher (1891–1958) zum Beispiel, expressionistischer Dichter und Politiker, bekannt als Verfasser des Textes der Nationalhymne der DDR, schrieb Ende August 1939 anlässlich des Hitler-Stalin-Pakts eine »Ode an Stalin«. Die DDR-Führung – und natürlich Becher selbst – verstanden es später in hervorragender Weise, das in dem Gedicht gepriesene »Friedensband«, das sich zwischen »Mutter Russlands größtem Sohn« und der Berliner Reichskanzlei gespannt hatte, aus ihrem Gedächtnis zu verdrängen.

Nach Stalins Tod im März 1953 beweinte der SED-Parteidichter Kurt Barthel (1914–1967), damaliger Vorsitzender des DDR-Schriftstellerverbandes, den Diktator, dessen Lächeln »uns auch diese Nacht (leuchtet): »Er hat uns arme Leute reich gemacht. / Wir aber weinen.« Auch Becher, zu diesem Zeitpunkt Präsident der Deutschen Akademie der Künste, verfasste aus diesem Anlass tieftraurige Verse:[24] »Und als verhaucht sein letzter Atemzug, / Da hielt die Taube ein auf ihrem Flug / Und legte einen goldnen Ölzweig nieder. / Die Völker alle sangen stille Lieder.« Lenin und Stalin, so fasste Becher seine Erkenntnis zusammen, das sei »Glücksunendlichkeit«, und: »Stalin: Freiheit – Stalin: Frieden heißt!« »Aller Ruhm der Welt« werde Stalin heißen, weshalb man »den Ewig-Lebenden lobpreisen« müsse.

Die DDR-Zeitschrift »Junge Kunst«, veröffentlichte 1958 ein Huldigungsgedicht an den damaligen Ersten Sekretär des Zentralkomitees der Sozialistischen Einheitspartei Deutschlands, Walter Ulbricht, das ebenfalls alle Merkmale kommunistischen Personenkults trug. Der Verfasser des Gedichts, Horst Salomon (1929–1972), gehörte zur Redaktion der Chemnitzer Parteizeitung »Volksstimme«.[25] Er ließ in seinem Gedicht Ulbrichts

Leben Revue passieren – vom Klassenkampf unter Ernst Thälmann, den Kampf gegen Nazi-Deutschland, bei dem »Genosse Ulbricht« »im richtigen Graben« gelegen habe, bis hin zur Gründung der DDR: »Genosse Ulbricht, / du kämpftest wieder in vorderster Front; / hast uns das Wissen / vom besseren Leben gegeben.« Obwohl es bald »Brot und Butter und Schuhe« gegeben habe, hätten die Faschisten sich am 17. Juni 1953 erhoben, jedoch: »Du standest fest / – Genosse Ulbricht mit Stalingrader Mut«. Salomons Fazit: »Du stehst / an der Spitze unsrer Partei. / Hast ihr dein Bestes gegeben. / Sie war und sie ist / dein Herz – dein Blut / und dein Leben.«

Nicht eine Person, sondern eine ganze Partei verherrlichte 1950 der tschechoslowakisch-deutsche Schriftsteller Louis Fürnberg (1909–1957) in dem Lied »Die Partei«, das jahrzehntelang als offizielle Hymne der SED gesungen wurde:

Sie hat uns alles gegeben,
Sonne und Wind, und sie geizte nie.
Wo sie war, war das Leben,
Was wir sind, sind wir durch sie.
Sie hat uns niemals verlassen,
Fror auch die Welt, uns war warm.
Uns schützt die Mutter der Massen,
Uns trägt ihr mächtiger Arm.

Die Partei, die Partei,
Sie hat immer recht
Und Genossen es bleibe dabei,
Wer da kämpft für das Recht,
Der hat immer recht

Gegen Lüge und Ausbeuterei.
Wer das Leben beleidigt,
Ist dumm oder schlecht,
Wer die Menschen verteidigt,
Hat immer recht.
So aus Lenin'schem Geist
Wächst, von Stalin geschweißt[26]
Die Partei, die Partei, die Partei.

Sie hat uns niemals geschmeichelt.
Sank uns im Kampfe auch mal der Mut,
Hat sie uns leis nur gestreichelt,
zagt nicht und gleich war uns gut.
Zählt denn noch Schmerz und Beschwerde,
wenn uns das Gute gelingt.
Wenn man den Ärmsten der Erde,
Freiheit und Frieden erzwingt.

Die Partei, die Partei, die hat immer Recht! (usw.)

Sie hat uns alles gegeben,
Ziegel zum Bau und den großen Plan.
Sie sprach: Meistert das Leben,
Vorwärts Genossen packt an.
Hetzen Hyänen zum Kriege,
Bricht euer Bau ihre Macht,
Zimmert das Haus und die Wiege,
Bauleute seid auf der Wacht.

Die Partei, die Partei, die hat immer Recht! (usw.)

»Großer Adolf!«

Hitler als Zielscheibe intellektuellen Spotts

Auch die Gegner des Nationalsozialismus bedienten sich des Mediums der Poesie. Spott- und Schmähgedichte, Glossen und Karikaturen über Hitler finden sich allerdings selten – und vor allem in der Zeit vor der »Machtergreifung« im Januar 1933. Danach wäre es zu gefährlich geworden, sich kritisch über Hitler zu äußern, ganz abgesehen davon, dass kein Medium es mehr gewagt hätte, derartige Gedichte zu veröffentlichen. Aber auch in der Zeit zuvor hielt sich die Zahl der Verse, die Hitler karikierten, in Grenzen. Zur Reichstagswahl am 7. Dezember 1924 waren die folgenden Spottverse über das Hakenkreuz als Symbol der Nationalsozialisten erschienen:[1]

Einst in dem fernen Wunderland
Behagte es den Indern:
Sie haben in das Ohr gebrannt
*Ein **Hakenkreuz** den Rindern.*

Heut' legten sich das Zeichen an
Ganz wunderliche Käuze:
Herrn Wulles Jünger, Mann für Mann,
*die tragen – **Ochsenkreuze!***

Der unbekannte Verfasser bezog sich mit seiner Häme darauf, dass in Indien die Besitzer großer Rinderherden ihren Ochsen das Zeichen der Sonne – also das Hakenkreuz – in verschiedener Form in die Ohren brannten, um ihre Herden unterscheiden zu können. Mit »Wulles Jünger« griff der Autor eine Bezeichnung aus Kurt Tucholskys Glosse »Dorf Berlin« auf, die 1924 in der »Weltbühne«[2] erschienen war. Bei Wulle handelte es sich um einen »Judenschlächter« – ein unverhohlener Hinweis auf Hitler:[3]

Das Leben im Dorf hat sich unterdessen mächtig entwickelt. Die wackern Knechte verladen die Saisonarbeiter auf große ratternde Wagen, die tragen vorn eine Nummer, oben eine Stange und hinten einen Mann, der schimpft. Manchmal fahren sie. Die Frömmern werden in den Aboackerwagen geladen, und bald ist das ganze Volk rüstig bei der Arbeit. Emil Jannings[4] geht hinter dem Pfluge einher und singt ein gar fröhlich Liedlein. In den Zeitungsredaktionen dreschen sie leeres Stroh. Die Großkopferten lassen ein goldenes Haus am Brandenburger Tor schwarzweißrot anstreichen, von oben bis unten, und dass die Farbe auch regenfest ist, dafür sorgt schon der Obermeister aus Ludendorf; er trägt eine blaue Brille gegen die Sonne und hinkt etwas: er hat sich einmal vor Jahren das Ehrenwort gebrochen, aber es ist schon beinahe wieder zugeheilt. In einer Ecke hat Schlächtermeister Wulle eine kleine Judenschlächterei aufgetan und steht, mit aufgekrempelten Hemdsärmeln, vor der Tür. Dampfend raucht er aus einer ungeheuren Pfeife und liest die Memoiren des Herrn Tirpitz[5]. Das ist ein starker Toback.
Gewichtige Amtspersonen gehen durch die Wilhelmstraße: der Dorfschulze und die Mitglieder der Gemeindeversammlung. Viele haben ein blaues Auge, mit dem sind sie gerade davongekommen, und sie haben soeben beschlossen, mit dem Nachbardorf nur bei schönem Wetter Krieg anzufangen. Und eine neue Fahne wollen sie auch. Sonst haben sie keine Sorgen.

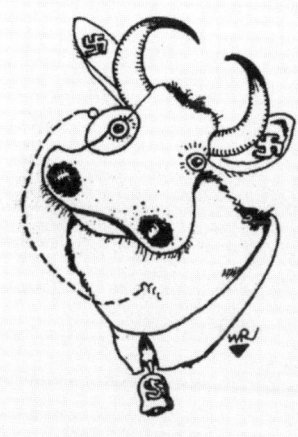

Einst in dem fernen Wunderland
Behagte es den Indern:
Sie haben in das Ohr gebrannt
Ein **Hakenkreuz** den Rindern.

Heut' legten sich das Zeichen an
Ganz wunderliche Käuze:
Herrn Wulles Jünger, Mann für Mann,
Die tragen — **Ochsenkreuze!**

Im alten Indien brannten die
Besitzer großer Rinderherden das
Zeichen der Sonne (Hakenkreuz)
den Ochsen in verschiedener
Form in die Ohren, um ihre
Herden zu unterscheiden.

Eins der seltenen Spottgedichte auf die Nationalsozialisten – nach 1933 war so etwas
kaum mehr möglich.

Es verwundert kaum, dass die Nationalsozialisten einen besonderen Hass auf Tucholsky entwickelten, der auch bei anderer
Gelegenheit unter verschiedenen Pseudonymen gegen Hitler
und seine Kumpane zu Felde zog. Da er dies ausgesprochen
geistvoll tat und damit seinen Gegnern haushoch überlegen
war, erschien er den zur Macht drängenden Nationalsozialisten
umso gefährlicher.

1931 wurde der NSDAP-Reichspropagandaleiter, Gauleiter
von Berlin und spätere Reichspropagandaminister Joseph Goebbels zur Zielscheibe von Tucholsky. Dessen Gedicht »Joebbels«,
erschienen am 24. Februar 1931 in der Zeitschrift »Die Weltbühne«, war im Berliner Dialekt geschrieben, was den Hohn
nur noch verstärkte.

Das Gedicht lautete so:

Wat wärst du ohne deine Möbelpacker!
Die stehn, bezahlt un treu, so um dir rum.
Dahinter du: een arma Lauseknacker,
een Baritong fort Jachtenpublikum.
Die Weiber – hach – die bibbern dir entjejen
un möchten sich am liebsten uffn Boden lejen!
Du machst un tust und jippst da an ...
Josef, du bist'n kleener Mann.

Mit dein Klumpfuß – seh mal, bein andern
da sacht ick nischt; det kann ja jeda ham.
Du wisst als Recke durch de Jejend wandern
un passt in keen Schützenjrahm?
In Sportpalast sowie in deine Presse,
Riskierst du wat? – De Schnauze vornean.
Josef, du bist'n kleener Mann.

Du bist mit irgendwat zu kurz gekommen.
Nu rächste dir, nu lechste los.
Dir hamm se woll zu früh aus Nest jenommen!
Du bist keen Heros, det markierste bloß.
Du hast'n Buckel, Mensch – du bist nich richtich!
Du bist bloß laut – sonst biste jahnich wichtig!
Keen Schütze – een Porzellanzerschmeißer,
keen Führer biste – bloß'n Reißer,
Josef, du bist een jroßer Mann –!

Goebbels: »zu früh aus dem Nest genommen«, ein »kleiner
Mann« mit Klumpfuß und nur ein »Porzellanzerschmeißer«;
Hitler: ein »Lauseknacker« und »Bariton fürs Yachtenpubli-
kum« – das konnten die Nazis Tucholsky niemals verzeihen.

Entsprechend wurden seine Bücher am 10. Mai 1933 ebenso den Flammen übergeben wie die von Bertolt Brecht oder Erich Kästner.

Auch weniger bekannte Autoren wie Heinz von Hagen aus dem niedersächsischen Einbeck setzten sich mit Hitler auf ironisch-spöttische Weise auseinander. Unter dem Pseudonym Hans Hottenrott richtete er am 24. August 1930 ein ebenso hämisches wie spöttisches »Stoßgebetlein an den großen Adolf:«[6]

Ach großer Adolf – Held der Weiber,
Liebling der Götter und der Putsche,
Komm und hilf in unseren Nöten,
gegen Hänschen – dem Nix Nutsche.

Sagt er doch der dumme Kerl,
Du wärst in München ausgerissen
Und obendrein, wir könns nicht glauben,
Hast du Dir noch die Bux be----rissen.

Großer Adolf, diesem Lästerer,
Zeig doch mal, dass du ein Held bist,
Zeig uns auch, dass du der Klügste
Und der Stärkste in der Welt bist.

In Staßfurt[7] ruft man Dich zur Hilfe,
Umgürte dich mit deinem Zorn,
Doch Vorsicht Adolf – mach's wie in München
Und drängle dich nicht zu sehr nach vor!

Denn Vorsicht ist der beste Teil
Der Tapferkeit – den du ersannst,

Und hörst du vorne Schüsse knallen,
Dann laufe Adolf, – was du kannst!

Wenn du nach dieser Ehe kämpfest,
Wird keiner dich je unterkriegen
Und du wirst auch in Staßfurt noch,
Wenn Du davon rennst, dennoch siegen.

Aus der gleichen Zeit stammt auch das Couplet »Warst Du schon mal in mich verliebt?« aus der Feder des Kabarettisten, Schauspielers und Sängers Max Hansen, alias Max Heller (1897–1961):[8]

1.
Wenn man frech ist schimpfen d'Leut
über diese Dreistigkeit,
auch wenn man bescheiden ist,
man nicht zu beneiden ist,
ich sag alles grad heraus,
da mach ich mir gar nichts d'raus,
wenn ich eine schöne Frau seh
rutscht mir's raus:
War'n Sie schon mal in mich verliebt,
das ist das schönste was es gibt,
haben Sie schon mal von mir geträumt,
da haben Sie wirklich was versäumt.
Ich bin nicht groß, ich bin nicht klein,
ich pass' grad so in alles rein,
ich bin nicht g'scheit, ich bin nicht dumm,
das spricht sich jetzt schon langsam rum,
bei mir haben Sie nichts zu riskier'n,

wie wär's denn: woll'n Sie's nicht einmal
mit mir probiern?

2.

Meine Freundin ist 'ne Frau,
doch sie nimmt's nicht so genau.
Geht ihr Mann, dann darf ich rein,
denn für drei ist's doch zu klein.
Einmal – ich vergess es nie –
stand der Mann vorm Bett und schrie:
»Na, da komm' ich ja grad recht!«
Ich rief: »Zu früh!«
War'n Sie schon mal in mich verliebt,
das ist das schönste was es gibt,
betrachten's mich genau und dann
schau'n sie sich selbst im Spiegel an.
Dann, lieber Freund werd'n sie versteh'n:
was hier geschah, das musst' gescheh'n.
drum sein sie brav und nicht nervös
und ihrer Gattin ja nicht bös';
damit werd'n sie nichts profitier'n,
und wenn sie klug sind
geh'n sie jetzt 'ne Stund spaziern!

3.

Hitler und der Sigi Cohn kennen sich seit Jahren schon.
Eines Tages gingen's aus miteinand ins Hofbräuhaus.
Doch schon bei der fünften Maß werden Hitlers Augen nass.
Er umarmt den Sigi Cohn und stockt auf platt:
Warst du schon mal in mich verliebt,
Das wär das Schönste, was es gibt.

Hast Du noch nie von mir geträumt,
da haste wirklich nichts versäumt.
Ich bin nicht groß, ich bin ganz klein,
Ich pass so grad nach München rein.
Ich bin nicht dumm, ich bin nicht g'scheit,
Am größten Dreck hab i mei Freid'.
De Freundschaft kannst Du ruhig risikier'n.
Denn – unter uns gesagt – ich hab nichts mehr zu verlieren.

Hitler homosexuelle Neigungen und ein Verhältnis zu einem fiktiven Liebhaber mit dem »jüdisch« klingenden Namen Sigi Cohn zu unterstellen, wäre nach 1933 geradezu selbstmörderisch gewesen. Die Nazis trugen Hansen dieses und andere scharfzüngige Spottlieder auf Adolf Hitler und die NSDAP denn auch nach: Bei der Premiere seines Film »Das hässliche Mädchen« am 8. September 1933 inszenierten sie einen Eklat: Hansen, der jüdische Vorfahren hatte, wurde bepöbelt und mit Tomaten beworfen, sein Mitautor Paul Morgan (1886–1938) wurde nach dem »Anschluss« Österreichs in das KZ Buchenwald deportiert, wo er noch im selben Jahr ums Leben kam. Hansen rettete sich durch die Ausreise in seine dänische Heimat. Nach der Besetzung Dänemarks im Jahr 1940 gelang es ihm, die »Reichsanstalt für Sippenforschung« davon zu überzeugen, dass sein leiblicher Vater der schwedische Baron Per Wilhelm Fredrik Schürer von Waldheim sei. Dass Hansen die amtliche Bescheinigung »deutschen oder artverwandten Bluts« am 6. Februar 1941 schließlich erhielt, war nicht zuletzt Gustav Gründgens zu danken, der ihn unbedingt für sein Staatstheater engagieren wollte. Tatsächlich ging Hansen kurzzeitig nach Berlin, doch vor allem, um dort die Ausreise seiner Familie nach Schweden in die Wege zu leiten.

Schreibverbot für Josef Eberle

In der »Welt am Sonntag«, fanden die Leser am 31. Januar 1932 das von einem gewissen »Tyll« verfasste Gedicht »Federfehde«, in dem ein fiktiver Schriftwechsel zwischen Adolf Hitler und dem damaligen Reichskanzler Heinrich Brüning skizziert wurde.[9] Unter anderem legte der Verfasser dem Reichskanzler die Worte in den Mund: »Was, Herr Hitler will was sagen? / Der Verfassung Ritter sein? / Kinder! Nein, in was für Fragen / Mischt sich der Herr Hitler ein!« worauf Hitler antwortet: »Was Herr Brüning da entgegnet, / Trifft niemals des Pudels Kern! / Wenn es nichts als Phrasen regnet, / Kinder! Ja. Das hab ich gern!«

Das Gedicht endet mit der prophetischen Zeile: »Und so fort bis zur Auflösung der Reichsregierung«. – Brüning musste im Mai 1932 tatsächlich zurücktreten.

Hinter dem Pseudonym »Tyll« verbarg sich der 1901 in Rottenburg am Neckar geborene Schriftsteller und langjährige Verleger der Stuttgarter Zeitung Josef Eberle (1901–1986), der erstmals 1928 einen Gedichtband mit satirischen Versen veröffentlicht hatte. Eberle war vom 13. Mai bis 29. Juni 1933 im Konzentrationslager Heuberg inhaftiert und begann nach seiner Entlassung unter dem Pseudonym »Sebastian Blau« Gedichte im schwäbischen Dialekt zu veröffentlichen. 1936 wurde er aus der Reichsschrifttumskammer ausgeschlossen, was einem Schreibverbot gleichkam.

Noch einmal soll Kurt Tucholsky zu Wort kommen, dieses Mal unter seinem Pseudonym Kaspar Hauser. Am 17. Mai 1932 war – wiederum in der Weltbühne – zwar kein Spottgedicht, aber dieser bemerkenswerte »Schulaufsatz« über das Thema »Hitler und Goethe« zu lesen:[10]

Einleitung

Wenn wir das deutsche Volk und seine Geschichte überblicken, so bieten sich uns vorzugsweise zwei Helden dar, die seine Geschicke gelenkt haben, weil einer von ihnen hundert Jahre tot ist. Der andre lebt. Wie es wäre, wenn es umgekehrt wäre, soll hier nicht untersucht werden, weil wir das nicht auf haben. Daher scheint es uns wichtig und beachtenswert, wenn wir zwischen dem mausetoten Goethe und dem mauselebendigen Hitler einen Vergleich langziehn.

Erklärung

Um Goethe zu erklären, braucht man nur darauf hinzuweisen, dass derselbe kein Patriot gewesen ist. Er hat für die Nöte Napoleons niemals einen Sinn gehabt und hat gesagt, ihr werdet ihn doch nicht besiegen, dieser Mann ist euch zu groß. Das ist aber nicht wahr. Napoleon war auch nicht der größte Deutsche, der größte Deutsche ist Hitler. Um das zu erklären, braucht man nur darauf hinzuweisen, dass Hitler beinah die Schlacht von Tannenberg gewonnen hat, er war bloß nicht dabei. Hitler ist schon seit langen Monaten deutscher Spießbürger und will das Privateigentum abschaffen, weil es jüdisch ist. Das was nicht jüdisch ist, ist schaffendes Eigentum und wird nicht abgeschaffen. Die Partei Goethes war viel kleiner wie die Partei Hitler. Goethe ist nicht knorke.

Begründung

Goethes Werke heißen der Faust, Egmont erster und zweiter Teil, Werthers Wahlverwandtschaften und die Piccolomini, Goethe ist ein Marxstein des deutschen Volkes, auf den wir stolz sein können und um welchen uns die andern beneiden. Noch mehr beneiden sie uns aber um Adolf Hitler. Hitler zerfällt in 3 Teile: in einen legalen, in einen wirklichen und in Goebbels, welcher bei ihm die Stelle u. a. des Mundes vertritt, Goethe hat niemals sein

Leben aufs Spiel gesetzt; Hitler aber hat dasselbe auf dasselbe gesetzt. Goethe war ein großer Deutscher. Zeppelin war der größte Deutsche. Hitler ist überhaupt der allergrößte Deutsche.

Gegensatz

Hitler und Goethe stehen in einem gewissen Gegensatz. Während Goethe sich mehr einer schriftstellerischen Tätigkeit hingab, aber in den Freiheitskriegen im Gegensatz zu Theodor Körner versagte, hat Hitler uns gelehrt, was es heißt, Schriftsteller und zugleich Führer einer Millionenpartei zu sein, welche eine Millionenpartei ist. Goethe war Geheim, Hitler Regierungsrat. Goethes Wirken ergoss sich nicht nur auf das Dasein der Menschen, sondern erstreckte sich auch ins kosmetische. Hitler dagegen ist Gegner der materialistischen Weltordnung und wird diese bei seiner Machtübergreifung abschaffen sowie auch den verlorenen Krieg, die Arbeitslosigkeit und das schlechte Wetter. Goethe hatte mehrere Liebesverhältnisse mit Frau von Stein, Frau von Sesenheim und Charlotte Puff. Hitler dagegen trinkt nur Selterwasser und raucht außer den Zigarren, die er seinen Unterführern verpasst, gar nicht.

Gleichnis

Zwischen Hitler und von Goethe bestehen aber auch ausgleichende Berührungspunkte. Beide haben in Weimar gewohnt, beide sind Schriftsteller und beide sind sehr um das deutsche Volk besorgt, um welches uns die andern Völker so beneiden. Auch hatten beide einen gewissen Erfolg, wenn auch der Erfolg Hitler viel größer ist. Wenn wir zur Macht gelangen, schaffen wir Goethe ab.

Beispiel

Wie sehr Hitler Goethe überragt, soll in folgendem an einem Beispiel begründet werden. Als Hitler in unsrer Stadt war, habe ich ihn mit mehrern andern Hitlerjungens begrüßt. Der Osaf[11] hat gesagt, ihr seid die deutsche Jugend, und er wird seine Hand auf euern Scheitel legen. Daher habe ich mir für diesen Tag einen Scheitel gemacht. Als wir in die große Halle kamen, waren alle Plätze, die besetzt waren, total ausverkauft und die Musik hat gespielt, und wir haben mit Blumen dagestanden, weil wir die deutsche Jugend sind. Und da ist plötzlich der Führer gekommen. Er hat einen Bart wie Chaplin, aber lange nicht so komisch. Uns war sehr feierlich zu Mute, und ich bin vorgetreten und habe gesagt Heil. Da haben die andern auch gesagt heil und Hitler hat uns die Hand auf jeden Scheitel gelegt und hinten hat einer gerufen stillstehn! weil es fotografiert wurde. Da haben wir ganz stillgestanden und der Führer Hitler hat während der Fotografie gelächelt. Dieses war ein unvergesslicher Augenblick fürs ganze Leben und daher ist Hitler viel größer als von Goethe.

Beleg

Goethe war kein gesunder Mittelstand. Hitler fordert für alle SA und SS die Freiheit der Straße sowie dass alles ganz anders wird. Das bestimmen wir! Goethe als solcher ist hinreichend durch seine Werke belegt, Hitler als solcher aber schafft uns Brot und Freiheit, während Goethe höchstens lyrische Gedichte gemacht hat, die wir als Hitlerjugend ablehnen, während Hitler eine Millionenpartei ist. Als Beleg dient ferner, dass Goethe kein nordischer Mensch war, sondern egal nach Italien fuhr und seine Devisen ins Ausland verschob. Hitler aber bezieht überhaupt kein Einkommen, sondern die Industrie setzt dauernd zu.

Schluss

Wir haben also gesehn, dass zwischen Hitler und Goethe ein Vergleich sehr zu Ungunsten des letzteren ausfällt, welcher keine Millionenpartei ist. Daher machen wir Goethe nicht mit. Seine letzten Worte waren mehr Licht, aber das bestimmen wir! Ob einer größer war von Schiller oder Goethe, wird nur Hitler ent-

scheiden und das deutsche Volk kann froh sein, dass es nicht zwei solcher Kerle hat!

Deutschlanderwachejudaverrecke
Hitlerwirdreichspräsident
Dasbestimmenwir!

<u>*Sehr gut!*</u>

Nachwort

Das vorliegende Buch gibt nur einen Bruchteil all der Elogen wieder, die hier unter dem – nicht immer zutreffenden – Begriff »Gedichte« subsummiert werden und die Hitler zwischen 1923 und 1945 gewidmet wurden. Hunderte, wenn nicht gar Tausende von Poemen ähnlicher Machart liegen noch – zu Recht beinahe vergessen – in deutschen und russischen Archiven. Wie soll man diese Hinterlassenschaft des »Dritten Reichs« bewerten? Auf den ersten Blick erscheint sie als obskure, geradezu lächerliche Randnotiz der Geschichte – inhaltlich abstoßend und künstlerisch wie sprachlich so miserabel, dass selbst eingefleischte Nationalsozialisten sie seinerzeit größtenteils als »indiskutabel« verwarfen.

Bei genauerer Betrachtung geben diese Gedichte jedoch den Blick frei auf die geistige Verfassung weiter Teile der Bevölkerung in der Zeit des Nationalsozialismus, denn verfasst wurden sie von ganz »normalen« Deutschen. Sie sind eindrückliche Zeugnisse eines weit verbreiteten Zustands von Wahn und Verblendung, der durch den von der NS-Propaganda gepflegten »Führer«-Kult, der Hitler den Status eines »Hohepriesters« verlieh, noch verstärkt wurde.

»Für ihn die Herzen schlagen in Liebe allewärts«, »die Sonne scheint wieder heller am Morgen«, »wie glücklich wir sind«, »wir möchten alle zu dir kommen«, »mit Stolz auf unseren Führer schauen«, »du bist unser Glaube, bist Hoffen und Lieben«, »es möchte mein Herz zerspringen«, »o wie oft gedenke ich dein« – fast alle Gedichte für Hitler waren voll von solchen pathetischen Phrasen. Noch stärker als in den vieltausendfach an Hitler gesandten Briefen mit Bittgesuchen, Glückwünschen oder politischen Ratschlägen konnten die Verfasser in der Form des Gedichts ihren Gefühlen freien Lauf lassen. Selbst gestandene Männer – wie SA-Leute, die sich sonst nicht scheuten, ihre Mitbürger brutal zusammenzuschlagen, oder ehemalige Frontsoldaten – fühlten sich unter dem Deckmantel der Lyrik berechtigt, ihren Emotionen Ausdruck zu verleihen. Begeisterung, Ergriffenheit, Dankbarkeit und Liebe bis hin zu tiefer Verehrung fanden auf diese Weise ein gesellschaftlich akzeptiertes Ventil.

»Uns ist das Herz voll«, beteuerte einer der Laiendichter im Begleitschreiben zu seinem Werk, von dem er sich gleichzeitig – als sei ihm seine »unmännliche« Betätigung doch ein wenig peinlich – durch die Bezeichnung »ein paar ›Verschen‹« distanzierte. Auch das ist typisch. Ähnlich betonte HJ-Scharführer Hans-Georg Schnitzer (»Nie habe ich mir eingebildet ein Dichter zu sein.«), dass seine Verse »eigentlich nur Papierkorbwert« hätten, um natürlich von Goebels oder dessen Mitarbeitern das genaue Gegenteil zu hören. Unterwachtmeister Friedrich Riesenbeck schloss sein Poem mit den Zeilen: »Jetzt möchte ich noch betonen, dass ich kein Dichter bin / Was ich gebracht, kam mir nur so in den Sinn«. Ganz nüchtern stellte dagegen Bogislav Graf von Schwerin fest, »daß man als Dichter über den Wert seiner Dichtung kaum ein objektives Urteil haben« könne.

Immerhin waren nicht wenige der »Dichter« von der Qualität und der Aussagekraft ihrer Werke derart überzeugt, dass sie sie für die Veröffentlichung in Zeitungen oder für den Druck geeignet hielten.

Anlässe zum Dichten gab es viele, und sie waren für alle offenbar ähnlich: »All diese geschichtlichen Geschehnisse der vergangenen vier Jahre haben mich (…) derart gepackt, dass ich mich gezwungen sah zur Feder zu greifen«, bekannte etwa – beinahe entschuldigend – SA-Mann Hans Bendig; »in der Begeisterung der letzten Tage« hatte Käthe Heiligenbeg-Pätzold ihre Verse verfasst.

Über die weiteren Motive der Gedichteschreiber kann man nur mutmaßen. Viele gaben an, sie hätten dem »Führer« eine Freude machen wollen, andere wollten die Begeisterung, in der ihre Verse entstanden waren, an andere weitergeben. Dora Mantey etwa wünschte, »in recht vielen Volksgenossen die Dankbarkeit hoch zu halten«, Rosel Strohschänk-Geithner hoffte, »die Wellen der Begeisterung für Sie, mein Führer, ein ganz klein wenig mitbewegt zu haben«, und Emma Faller-Triebel sehnte sich danach, »dem Werk unseres Führers (zu) dienen«.

Noch einmal sei Bogislav Graf von Schwerin zitiert: »Ich bin mir natürlich bewußt, daß es unmöglich ist, die ganze Größe der Persönlichkeit unseres Führers und die Bedeutung seines Werkes in ein paar kurzen Versen zusammenzufassen; dennoch hoffe ich, das Wesentlichste für die im deutschen Volk herrschende und nach Möglichkeit noch zu steigernde Stimmung herausgegriffen und in eine einfache und doch ausdrucksvolle Form gebracht zu haben.«

Man fragt sich immer wieder, wie es möglich war, dass ausgerechnet Hitler innerhalb kurzer Zeit ein ganzes Volk – oder doch große Teile davon – in seinen Bann ziehen konnte. Hitler widersprach in allem dem, was er von anderen forderte: Ganz anders als seine Anhänger ihn wahrnahmen, war er – so würde man es heute bezeichnen – eine »verkrachte Existenz«. In der

Armee hatte er es nicht weit gebracht, er hatte keinen ordentlichen Beruf und er ließ sich gern von der Münchener Schickeria aushalten. Ohne seine willfährigen Helfershelfer (die in vielen Hitlergedichten als »Helden« oder gar »Apostel« verklärt wurden) wäre er nie an die Spitze des Staates gespült worden, ohne Helfer, die – wie er – in einem bürgerlichen Leben kläglich hätten scheitern müssen.

Und dennoch konnte Hitler die Massen für sich gewinnen, assistiert von Goebbels, der das Volk zugleich für den totalen Krieg begeisterte. Erst dieser Krieg brachte letztlich die Flut der Gedichte für Hitler zum Versiegen; nicht fremdes Leid, nicht der millionenfache Tod der ermordeten Juden, sondern erst das eigene Leid, die Zerstörung deutscher Städte und Dörfer, der Tod deutscher Soldaten und deutscher Zivilisten führten dazu, dass die Deutschen zwar nicht sofort zur Besinnung kamen, immerhin aber nicht mehr so oft zur Feder griffen, um Hitler zu lobpreisen. Hitler entrückte seinen Anhängern zusehends – erst psychisch, dann am 30. April 1945 endlich auch physisch.

»Nach Auschwitz ein Gedicht zu schreiben, ist barbarisch, und das frisst auch die Erkenntnis an, die ausspricht, warum es unmöglich ward, heute Gedichte zu schreiben.«[1] Diese Aussage des Philosophen Theodor W. Adorno aus dem Jahr 1949 sollte zum Nachdenken anregen und hat es auch getan. Wer die in diesem Buch versammelten Gedichte gelesen hat, kann tatsächlich zu der Einschätzung gelangen, dass die Deutschen nach 1945 jedes Recht verwirkt hätten, weiter Gedichte zu schreiben. Die gereimten Lobhudeleien von Laien und professionellen Dichtern auf den größten Massenmörder des 20. Jahrhunderts sind jedenfalls wahrlich kein Ruhmesblatt für das vermeintliche Volk der Dichter und Denker.

Vermutlich hatte aber wohl doch der deutsch-amerikanische Schriftsteller und Literaturwissenschaftler Richard Exner Recht, als er schrieb:[2]

Seit Auschwitz [...]
ist nichts mehr
unmöglich.
Auch Gedichte nicht.

Anhang

Abkürzungsverzeichnis

BArch – Bundesarchiv
BDM, auch BdM – Bund Deutscher Mädel
Gestapo – Geheime Staatspolizei
HJ – Hitler-Jugend
NSDAP – Nationalsozialistische Deutsche Arbeiterpartei
NSKK – Nationalsozialistisches Kraftfahrerkorps
OSAF – Oberste SA-Führung
SA – Sturmabteilung
SS – Schutzstaffel

Bildnachweis

Archiv des Autors: 17, 35, 41, 42, 51, 56, 96, 102, 116, 120, 126, 173, 181, 184, 189, 193, 203
Bundesarchiv, Berlin: 29, 33, 34, 48, 53, 67, 105, 106, 129, 159, 160, 163
Bundesarchiv, Koblenz: 25 (Bild 102-14468, Georg Pahl), 61 (Bild 146-1969-055-50), 62 (Bild 146-1988-119-04A), 79 (Bild 183-H13158), 87 (Bild 183-R88978), 143 (Plak 003-003-001)
Landesarchiv Berlin: 150

Zitierhinweis

Die abgedruckten Gedichte sind in der Originalform wiedergegeben; Orthographie und Interpunktion wurden nicht geändert. Ergänzungen des Autors sind durch eckige, Auslassungen durch runde Klammern gekennzeichnet.

Namensverzeichnis

Barthel, Kurt, SED-Parteidichter, Vorsitzender des DDR-Schriftstellerverbandes

Becher, Johannes R., deutscher Schriftsteller, von 1954 bis 1958 DDR-Kulturminister

Berndt, Alfred-Ingemar, ab 1938 Leiter der Schrifttumsabteilung im Reichsministerium für Volksaufklärung und Propaganda

Brecht, Bertolt, deutscher Dramatiker und Lyriker

Brüning, Heinrich, Politiker der Zentrumspartei, von 1930 bis 1932 Reichskanzler

Blomberg, Werner von, Reichskriegsminister

Blunck, Hans Friedrich, erster Präsident der Reichsschrifttumskammer

Böhme, Herbert, SA-Obersturmführer, Leiter der Fachschaft Lyrik in der Reichsschrifttumskammer

Carossa, Hans, deutscher Schriftsteller

Chamberlain, Neville, von 1937 bis 1940 britischer Premierminister

Cuno, Wilhelm, von 1922 bis 1923 parteiloser Reichskanzler

Daladier, Edouard, mehrmaliger französischer Regierungschef

Eberle, Josef, schwäbischer Schriftsteller und Verleger

Fürnberg, Louis, tschechoslowakisch-deutscher Schriftsteller und Journalist

Goebbels, Joseph, Reichsminister für Propaganda und Volksaufklärung

Göring, Hermann, Reichsmarschall, u. a. Ministerpräsident von Preußen, Reichsluftfahrtminister, Oberbefehlshaber der Luftwaffen Reichsforst- und Reichsjägermeister

Gritzbach, Erich, SS-Gruppenführer, Generalreferent und Pressereferent von Göring

Hagen, Heinz von, Verfasser satirischer Hitler-Gedichte, bekannt unter dem Pseudonym Hans Hottenrott

Hederich, Karlheinz. Leiter der Schrifttumsabteilung im Reichsministerium für Volksaufklärung und Propaganda.

Heller, Max, Schauspieler und Sänger, Pseudonym: Max Hansen

Himmler, Heinrich, Reichsführer-SS, ab 1943 Reichsinnenminister

Holzapfel, Carl Maria, Leiter des NS-Kulturwerks

Hottenrott, Hans, Pseudonym für Hagen, Heinz von, Verfasser satirischer Hitler-Gedichte

Jannings, Emil, deutscher Schauspieler, wirkte in NS-Propagandafilmen mit, von den Alliierten mit Auftrittsverbot belegt

Kästner, Erich, deutscher Schriftsteller und Satiriker

Ludendorff, Erich Friedrich Wilhelm, deutscher General und Politiker, Erster Generalquartiermeister und Stellvertreter Paul von Hindenburgs, nahm 1923 am Hitlerputsch teil

Möller, Eberhard Wolfgang, deutscher Schriftsteller und Dramatiker

Röhm, Ernst, Offizier, Führer der SA, 1934 auf Befehl Hitlers ermordet

Rückert, Friedrich, deutscher Dichter, Übersetzer und Mitbegründer der Orientalistik

Schlageter, Albert Leo, Angehöriger verschiedener Freikorps, Mitglied der NSDAP-Tarnorganisation Großdeutsche Arbeiterpartei, von den Franzosen 1923 hingerichtet

Schumann, Gerhard, SA-Reimproduzent, Reichskultursenator

Schuschnigg, Kurt, österreichischer Bundeskanzler, nach dem »Anschluss« Österreichs »Ehrenhäftling« der Nationalsozialisten

Seldte, Franz, Bundesführer des Stahlhelm, Reichsarbeitsminister

Seyß-Inquart, Arthur, SS-Oberführer, österreichischer Bundeskanzler, ab 1940 Reichskommissar in den Niederlanden

Tucholsky, Kurt, deutscher Schriftsteller und Publizist, Mitherausgeber der Zeitschrift »Weltbühne«

Ulbricht, Walter, Erster Sekretär der SED

Wismann, Heinrich, Leiter der Schrifttumsabteilung im Reichsministerium für Volksaufklärung und Propaganda

Quellen und ausgewählte Literatur

Benz, Wolfgang / Graml, Hermann / Weiß, Hermann (Hg.): Enzyklopädie des Nationalsozialismus, 5. Aufl., München 2007.

Barbian, Jan-Pieter: Literaturpolitik im Dritten Reich. Institutionen, Kompetenzen, Betätigungsfelder, München 1995.

Berens-Totenohl, Josefa: Das schlafende Brot, Jena 1944.

Brockmeier, Wolfram: Du Deutschland wirst bleiben, Wolfenbüttel–Berlin 1943.

Bühner, Karl Hans (Hg.): Dem Führer. Gedichte für Adolf Hitler. Stuttgart–Berlin 1939.

Claudius, Hermann: Zuhause, München 1940.

Düsterberg, Rolf (Hg.): Dichter für das »Dritte Reich«, 2 Bde., Bielefeld 2011.

Ebeling, Teresa / Heidrich, Max / Jakob, Kai / Kühnel, Steffi / Schug, Alexander (Hg.): »Geliebter Führer«. Briefe der Deutschen an Adolf Hitler, Berlin 2011.

Fröhlich, Elke (Hg.): Die Tagebücher von Joseph Goebbels. Sämtliche Fragmente, 5 Bde., München 1987.

Graff, Sigmund (Hg.): Eherne Ernte. Gedichte im Krieg 193971941, München–Berlin 1941.

Herbst, Ludolf: Hitlers Charisma. Die Erfindung eines deutschen Messias, Frankfurt a. M. 2010.

Hitler, Adolf: Mein Kampf, 149.–150. Aufl., München 1935.

Jochmann, Werner (Hg.): Adolf Hitler. Monologe im Führerhauptquartier, Hamburg 1980.

Kershaw, Ian: Der Hitler-Mythos. Führerkult und Volksmeinung, Stuttgart 1999.

Klee, Ernst: Kulturlexikon zum Dritten Reich. Wer war was vor und nach 1945, überarb. Ausg., Frankfurt 2009.

Koop, Volker: Nationalsozialismus. Wissen, was stimmt, Freiburg 2009.

Koop, Volker: Himmlers Germanenwahn. Die SS-Organisation Ahnenerbe und ihre Verbrechen, Berlin 2012.

Marks, Stephan: Warum folgten sie Hitler? Die Psychologie des Nationalsozialismus, 2. überarb. Aufl., Stuttgart 2011.

Menzel, Herybert: Anders kehren wir wieder, Hamburg 1943.

Overesch, Manfred (Hg.): Das III. Reich 1933–1939. Eine Tageschronik der Politik, Wirtschaft, Kultur, Augsburg 1991.

Overesch, Manfred (Hg.): Das III. Reich 1939–1945. Eine Tageschronik der Politik, Wirtschaft, Kultur, Augsburg 1991.

Picker, Henry: Hitlers Tischgespräche im Führerhauptquartier, München 2003.

Reuth, Ralf Georg (Hg.): Joseph Goebbels. Tagebücher, 5 Bde., 3. Aufl., München 2003.

Sarkowicz, Hans / Mentzner, Alf (Hg.): Literatur in Nazi-Deutschland. Ein biografisches Lexikon, Hamburg–Wien 2002.

Schad, Martha: Sie liebten den Führer – Wie Frauen Hitler verehrten, München 2009.

Schumann, Gerhard: Wir dürfen dienen. Gedichte, München 1937.

Schumann, Gerhard: Bewährung. Gedichte, München 1940.

Schumann, Gerhard: Ring des Jahres, Lyrik der Lebenden, München 1944.

Schwaner, Wilhelm: Germanenbibel, Stuttgart 1934.

Stengel, Theo: Lexikon der Juden in der Musik, Berlin 1943.

Thamer, Hans-Ulrich / Erpel, Simone (Hg.): Hitler und die Deutschen. Volksgemeinschaft und Verbrechen, Dresden 2010.

Volz, Hans: Daten der Geschichte der NSDAP, 11. Auflage, Berlin-Leipzig 1943.

Anmerkungen

Einleitung

1 Vgl. dazu allgemein: Thamer / Erpel (Hg.), Hitler und die Deutschen.
2 Zu den Briefen an Hitler vgl. Eberle (Hg.), Briefe an Hitler, und Ebeling (u. a.) (Hg.), »Geliebter Führer«.
3 Marks, Warum folgten sie Hitler?, S. 168.

Gedichte aus den 1920er-Jahren

1 Vgl. Eberle, Briefe an Hitler, S. 25–61.
2 BArch, NS 26/2556.
3 Gefäß zum Transportieren einer warmen Mahlzeit.
4 BArch, NS 26/2556.

»Deutschland, Dein Deutschland steht hinter Dir!«

1 Eberle, Briefe an Hitler, S. 9.
2 BArch, R 55/1492.
3 BArch, R 55/1494.
4 BArch, R 55/1494.
5 BArch, R 55/1494.
6 BArch, NS 51/21.

»Wer kennt die Schmach?«

1 Der vollständige Text des Versailler Vertrags ist einsehbar unter www. dhm.de/lemo/html/weimar/versailles/index.html. Zur Einordnung vgl. die neueste Überblicksdarstellung von Hans-Christof Kraus, Versailles

und die Folgen. Außenpolitik zwischen Revisionismus und Verständigung 1919–1933, Berlin 2013.
2 Hitler, Mein Kampf, S. 714 ff.
3 Ebd., S. 767.
4 Ebd., S. 769.
5 BArch, R 55/1492.
6 Der vollständige Text des Versailler Vertrags ist einsehbar unter www. dhm.de/lemo/html/weimar/versailles/locarno.
7 Volz, Daten der Geschichte der NSDAP, S. 71.
8 BArch, R 55/1494.
9 BArch, NS 26/2556.
10 BArch, R 55/1492.
11 BArch, R 55/1494.
12 BArch, R 55/1492.
13 S. o. S. 55.
14 BArch, R 55/1494.

»Lasst hell die Freudenfeuer glänzen!«

1 »Der Führer und Reichskanzler am Grabe seiner Eltern«, in: Neue Freie Presse, Linz, 14. März 1938.
2 Bund Deutscher Mädchen, weiblicher Zweig der Hitler-Jugend, in der alle 10 bis 18jährigen Mädchen zwangsweise organisiert waren.
3 BArch, R 55/1494.
4 Veraltet für: Angst, Panik.
5 Kurt von Schuschnigg, österr. Bundeskanzler 1934–1938, Gegner der Nationalsozialisten.
6 BArch, R 55/1492.
7 BArch, R 55/1492.
8 BArch, R 55/1492.
9 BArch, R 55/1494.
10 S. dazu unten S. xxx.
11 BArch, R 55/1492.
12 BArch, R 55/1494.
13 BArch, R 55/1494.
14 Hussiten – reformatorische bzw. revolutionäre Bewegungen in Böhmen, die nach dem 1415 verbrannten Reformator und Theologen Jan Hus benannt waren.

»Wir folgen dir blind!«

1 Zu Anacker vgl. Sarkowicz/Mentzner, Literatur in Nazi-Deutschland, S. 71 ff.; Verena Schulz, Heinrich Anacker, der »lyrische Streiter«, in: Düsterberg, Dichter für das »Dritte Reich«, Bd. 2, S. 21–40.
2 BArch, R 55/1492.
3 Zitiert nach: Klee, Kulturlexikon zum Dritten Reich, S. 19.
4 BArch, R 55/1492, undatiert.
5 BArch, R 43/4534.
6 BArch, NS 26/2556.
7 Vgl. Koop, Himmlers Germanenwahn.
8 BArch, NS 26/2556.
9 RGWA, Fond 1355, Opis 1, Delo 19, Blatt 27 ff., veröffentlicht in Eberle, Briefe an Hitler, S. 297 ff.
10 BArch, NS 26/2556.

»Juden hinaus!«

1 Zum Folgenden vgl. Wolfgang Benz, Dossier »Antisemitismus im 19. und 20. Jahrhundert«, www.bpb.de/politik/extremismus/antisemitismus/37948/19-und-20-jahrhundert (Letzter Zugriff: August 2012).
2 BArch, NS 26/2556.
3 BArch, NS 26/2556.
4 BArch, NS 26/2556.
5 Tschandala (oder: Chandala): eine von Nietzsche unter Rückgriff auf die indische Kastenlehre geprägter Begriff für eine »minderwertige Rasse«.

»Ehrliche und gut gemeinte Verse«

1 Die Tagebücher von Joseph Goebbels. Sämtliche Fragmente. T. 1, Bd. 3, Eintragung vom 24. Juni 1937, S. 183.
2 Die Tagebücher von Joseph Goebbels. Sämtliche Fragmente. T. 1, Bd. 3, Eintragung vom 16. Juli 1937, S. 203.
3 Goebbels, Tagebücher, Bd. 3, Eintragung vom 13. Dezember 1935, S. 930.
4 Goebbels, Tagebücher, Bd. 5, Eintragung vom 28. Januar 1939, S. 1302.
5 BArch, R 55/1490.

6 BArch, R 55/1492.

7 BArch, R 55/1494, Schreiben RM f.V.u.P. an Wilhelm Rieck, Berlin, Berlin, 7. Mai 1938.

8 BArch, R 43/4534.

9 Göring war von Hitler zum »Beauftragte[n] für den Vierjahresplan« ernannt worden. Er besaß weitgehende Vollmachten, doch ein ausferndes System von Sonderbeauftragten machte eine wirksame Arbeit unmöglich. So blieben Vierjahresplan-Investitionen bis zum Krieg um 40 Prozent hinter dem Soll zurück. Trotz der Misserfolge bei der Planerfüllung hat der Vierjahresplan eine erhebliche Veränderung der Wirtschaftsstruktur zugunsten der Produktionsgüterindustrie bewirkt, deren Investitionsvolumen 1939 um 250 Prozent über dem Boomjahr 1928 lag. Obwohl der Vierjahresplan den Anspruch einer umfassenden Planung besaß, ist es jedoch nie zu einer Planwirtschaft im engeren Sinn gekommen.

10 BArch, R 43/4534.

»Wellen der Begeisterung«

1 Vgl. Schad, Sie liebten den Führer.

2 BArch, R 55/1492.

3 Gasthaus in München, das der NSDAP als Treffpunkt und erste Geschäftsstelle diente. Ähnlich dem Bürgerbräukeller wurde es später zum Wallfahrtsort der »Bewegung«.

4 S. o. S. 84.

5 Name nicht verifizierbar.

6 BArch, R 55/1494, Gedicht Johann Hügger, Duisburg, 22. März 1936.

7 BArch, R 55/1494.

8 Johann Wolfgang von Goethe, Faust, Teil I (Nacht), XXX.

9 BArch, R 55/1492.

10 BArch, R 55/1492.

11 BArch, R 43/1492.

12 BArch, R 55/1494.

13 BArch, R 55/1494.

14 BArch, R 55/1494.

15 Zitiert nach Eberle, Briefe an Hitler, S. 225.

1   Picker, Tischgespräche, 9. April 1942, S. 296 f.
2   Picker, Tischgespräche, 5. Juni 1942, S. 508 f.
3   Picker, Tischgespräche, 5. Mai 1942, S. 379.
4   BArch, NS 26/2556.
5   BArch, NS 26/2556.
6   BArch, R 55/1492.
7   Ring des Jahres, S. 516 f. Auch abgedruckt in: Bühner (Hg.), Dem Führer. Gedichte für Adolf Hitler. Stuttgart–Berlin 1939.
8   BArch, R 55/1494.
9   BArch, R 55/1494.
10 BArch, R 55/1492.
11 BArch, NS 26/2256. Hitler hatte übrigens den Entwurf der Hakenkreuzfahne für sich selbst reklamiert und in »Mein Kampf« dazu geschrieben: »Als nationale Sozialisten sehen wir in unserer Flagge unser Programm. Im Rot sehen wir den sozialen Gedanken der Bewegung, im Weiß den nationalistischen, im Hakenkreuz die Mission des Kampfes für den Sieg des arischen Menschen und zugleich mit ihm auch den Sieg des Gedankens der schaffenden Arbeit, die selbst ewig antisemitisch war und antisemitisch sein wird«; Hitler, Mein Kampf, S. 557.
12 S. o. S. 85.
13 BArch, R 55/1494.
14 BArch, R 55/1494.
15 BArch, R 55/1494.
16 Am 29. März 1936 fanden Reichstagswahlen statt.
17 BArch, R 55/1492.
18 Wichtigmacher.
19 BArch, R 55/1492.
20 BArch, R 55/1492.
21 BArch, R 55/1492.
22 RGWA Fonds 1335, Opis 1, Deko 32, Blatt 37 f., in: Eberle, Briefe an Hitler, S. 302.
23 BArch, R 55/1492.
24 BArch, R 55/1492.
25 BArch, R 55/1492.
26 BArch, R 43/5434.
27 Im 25-Punkte-Programm der NSDAP vom 24.2.1920 heißt es unter § 24: »Wir fordern die Freiheit aller religiösen Bekenntnisse im Staat, soweit

sie nicht dessen Bestand gefährden oder gegen das Sittlichkeits- und Moralgefühl der germanischen Rasse verstoßen. Die Partei als solche vertritt den Standpunkt eines positiven Christentums, ohne sich konfessionell an ein bestimmtes Bekenntnis zu binden. Sie bekämpft den jüdisch-materialistischen Geist in und außer uns und ist überzeugt, daß eine dauernde Genesung unseres Volkes nur erfolgen kann von innen heraus auf der Grundlage: Gemeinnutz vor Eigennutz.« Zitiert nach http://www.dhm.de/lemo/html/dokumente/nsdap25.

Hitlers Niedergang

1 Hans Carossa, Ungleiche Welten, Wiesbaden 1951, S. 72 f.
2 Karl Hans Bühner (Hg.), Dem Führer. Gedichte für Adolf Hitler, Stuttgart-Berlin 1939.
3 Brockmeier, Du Deutschland, du wirst bleiben, S. 155.
4 Brockmeier, Du Deutschland, du wirst bleiben, S. 156.
5 Brockmeier, Du Deutschland, du wirst bleiben, S. 122.
6 Claudius, Zuhause, S. 128 ff.
7 Hitler, Mein Kampf, S. 781.
8 Sigmund Graff (Hg.), Eherne Ernte, S. 12.
9 BArch, R 43/4534.
10 »An Deutschlands Jugend«, aus: Agnes Miegel, Ostland. Gedichte, Jena 1940.
11 Miegel, Werden aus dem Werk, S. 79 f, Leipzig 1938
12 Kosename der Helene Bechstein für den jungen Hitler, Pseudonym Adolf Hitlers aus den 1920er-Jahren.
13 Miegel, Ostland, S. 5 f.
14 Schumann, Bewährung. S. 10.
15 Schumann, Wir dürfen dienen, S. 78.
16 Schumann, Bewährung, S. 10.
17 BArch, NS 26/2556, Völkischer Beobachter, 6. September 1936.
18 Ring des Jahres, S. 524 f., Stuttgart 1943.
19 Ring des Jahres, S. 523.
20 Ring des Jahres, S. 515.
21 Ring des Jahres, S. 522.
22 Ring des Jahres, S. 509.
23 Ring des Jahres, S. 507.
24 Veröffentlicht in: »Die Volkspolizei«, Nr. 5/1953 (1. Märzheft).

25 Veröffentlicht in: DER SPIEGEL 40/1958.

26 Der Name Stalins wurde 1956 gestrichen.

»Großer Adolf!«

1 BArch, NS 26/2556. Fettdruck im Original.

2 »Die Weltbühne« war 1905 erstmals – zunächst als reine Theaterzeit-
schrift – unter dem Namen – »Die Schaubühne« erschienen. 1918 wurde
sie in »Die Weltbühne« umbenannt. Kurt Tucholsky übernahm im Dezember 1926 die Leitung des Blattes, gab sie aber schon im Mai 1927 an
Carl von Ossietzky weiter. Nach der Machtergreifung gehörte es mit zu
den ersten Maßnahmen der Nationalsozialisten, das Blatt zu verbieten.
Die letzte Ausgabe kam am 7. März 1933 heraus.

3 Die Weltbühne, Peter Panter, Dorf Berlin, 21.08.1924, Nr. 34, S. 293.

4 Deutscher Schauspieler, wirkte nach 1933 neben einigen anderen Filmen
auch im Propagandafilm »Ohm Krüger« mit.

5 Alfred Peter Friedrich Tirpitz, ab 1900 von Tirpitz, deutscher Großadmi-
ral.

6 BArch, NS 26/2556.

7 Am 4. Februar 1933 wurde der Staßfurter Bürgermeister Hermann Kasten von einem SA-Mann auf der Straße erschossen.

8 BArch, NS 26/2556. Zur Person Hansens: Universität Hamburg, Lexikon
verfolgter jüdischer Musiker und Musikerinnen der NS-Zeit.

9 BArch, NS 26/2556.

10 Die Weltbühne, 17.05.1932, Nr. 20, S. 751, Kasper Hauser, Hitler und
Goethe.

11 Oberste SA-Führer.

Nachwort

1 Theodor W. Adorno, Kulturkritik und Gesellschaft, in: Ders., Gesam-
melte Schriften, Bd. 10, Frankfurt/M. 1980, S. 11–30.

2 Richard Exner, Gedichte 1953–1991, Stuttgart 1994, S. 94 ff.

Der Autor

Volker Koop, geboren 1945 in Oberbayern, arbeitet seit 1994 als freier Buchautor und Publizist. Im Jahr 2003 erhielt er gemeinsam mit Marcel Reich-Ranicki in Rom den italienischen Kulturpreis »Capo Circeo«. Zuletzt erschienen von ihm im be.bra verlag die Bücher »Hitlers fünfte Kolonne. Die Auslands-Organisation der NSDAP«, »Hitlers Muslime. Geschichte einer unheiligen Allianz« sowie »Himmlers Germanenwahn. Die SS-Organisation Ahnenerbe und ihre Verbrechen«. Seine Bücher sind u. a. auch ins Japanische und Tschechische übersetzt worden.

Die SS-Organisation Ahnenerbe

Volker Koop
Himmlers Germanenwahn
Die SS-Organisation Ahnenerbe und ihre Verbrechen

272 Seiten, 27 Abb.
geb. mit Schutzumschlag
24,95 € [D]
ISBN 978-3-89809-097-1

Die 1935 auf Veranlassung Heinrich Himmlers gegründete »Studienge-sellschaft »Deutsches Ahnenerbe« e.V.« hatte vor allem eine Aufgabe: Sie sollte die rassische Überlegenheit des »arischen Menschen« nachweisen. Neben obskuren Aktivitäten wie der Wiederbelebung germanischer Thingstätten erhielt die Organisation bald eine Reihe von verbrecheri-schen Sonderaufträgen: vom Kunstraub in den von Deutschland besetz-ten Gebieten bis hin zur Ermordung Hunderter von KZ-Häftlingen zu pseudowissenschaftlichen Zwecken.

Dieses Buch erfasst und beschreibt erstmals die Geschichte einer ver-harmlosten SS-Organisation in ihrer ganzen Dimension.

be.bra verlag GmbH · Schönhauser Allee 37 · 10435 Berlin · Tel. 030/440 23 810 · Fax 030/440 23 819
www.bebraverlag.de

Eine unheilige Allianz

Volker Koop
Hitlers Muslime
Die Geschichte einer unheiligen Allianz

288 Seiten, 27 Abb.,
geb. mit Schutzumschlag
24,95 € [D]
ISBN 978-3-89809-096-4

Viele NS-Führer glaubten an eine weltanschauliche Verbundenheit zwischen Nationalsozialismus und dem Islam – nicht allein in der »Judenfrage«. Dieses Buch zeigt auf, wie stark das Verhalten des Regimes gegenüber sonst verachteten Volksgruppen von der Zweckmäßigkeit beeinflusst wurde. Im Fall der Muslime ging dies bis an die Grenze der Selbstverleugnung – und bis zur Verklärung Hitlers als »Licht des Propheten.«

»Volker Koop hat ein akribisch recherchiertes Buch geschrieben, das einen ebenso weiten wie tief schürfenden Blick auf die Beziehungen des Dritten Reiches zu den Muslimen wirft.« *Der Freitag*

be.bra verlag GmbH · Schönhauser Allee 37 · 10435 Berlin · Tel. 030/440 23 810 · Fax 030/440 23 819
www.bebraverlag.de

Das weltumspannende Netz der NSDAP

Volker Koop
Hitlers fünfte Kolonne
Die Auslands-Organisation der NSDAP

304 Seiten, 22 Abb.,
geb. mit Schutzumschlag
24,95 € [D]

ISBN 978-3-89809-085-8

Knapp fünf Millionen Deutsche lebten zwischen 1933 und 1945 außerhalb der Reichsgrenzen. Kontrolliert und organisiert wurden sie von der »Auslands-Organisation der NSDAP«, die auf allen Kontinenten aktiv war. Als eigenständiger Gau mit Sitz in Berlin setzte sie die deutsche Rassenpolitik und Judenverfolgung auch im Ausland um, betrieb aggressive Propaganda und spionierte für NS-Führung und Militär. Nach 1945 konnten mit Hilfe dieses globalen Netzwerks zahlreiche Nazi-Funktionäre der Verfolgung durch die Alliierten entgehen.

be.bra verlag GmbH · Schönhauser Allee 37 · 10435 Berlin · Tel. 030/440 23 810 · Fax 030/440 23 819
www.bebraverlag.de